わかる できる つながる！
一人ひとりが輝く 音楽授業アイデア26

筑波大学附属小学校
平野次郎 著

～ 何よりも楽しく ～

活動 01 息をそろえて・拍に合わせて

→ 10 ページ

活動 10.11.12 名前でリズメロ

→ 28 〜 33 ページ

～ 音や音楽でつながる仲間たち ～

活動 06.07 『幸せなら手をたたこう』で学級の雰囲気を高めよう

活動 09 「ペアリコーダー」仲間と関わりながらスキルアップ

→ 20 ～ 23 ページ

→ 26 ページ

活動 23 旋律をつくって、つなげて、重ねよう

活動 20 楽譜がなくても大丈夫！アドリブでまねっこ合戦

→ 57 ページ

→ 48 ページ

活動 26 リズムを重ねて音楽づくり

→ 67 ページ

〜 子どもの思考を生かす活動＆だれでも楽しく学びのある活動 〜

活動 13 円でリズムゲーム

→ 34 ページ

→ 34 ページ

活動 14 楽譜がなくても大丈夫！リコーダー1音リレー

→ 38 ページ

活動 15 楽譜がなくても大丈夫！リコーダー1音でアドリブ

→ 40 ページ

活動 25 役割を決めた音楽づくり

→ 63 ページ

はじめに

何よりも楽しく、そして子どもたちのために

「先生方も子どもたちも音楽の授業を好きになって欲しい」

これは本書をつくるきっかけの１つです。先生方も子どもたちも音楽は大好きなはずです。お気に入りの音楽を聴いたり、ライブやコンサートに足を運んだり、カラオケで歌ったりと。人間にとって音楽は欠かすことのできない存在です。これは皆さんも納得していただけることと思います。

それでは、「学校の授業としての音楽」はどうでしょうか？「歌うことが好き」「楽器を演奏することは好き」「曲を聴くことは好き」という子はたくさんいますが、「音楽の授業そのものが好き！」という子はどのくらいいるでしょうか。

先生方の中には、「音楽は好きだけど、授業として子どもたちに教えるとなると…」と思われる方もいらっしゃることでしょう。音楽を教えるには教師自身にもある程度の音楽的知識や技能が求められます。時には、「ピアノが弾けないと音楽の授業は…」「歌うことが苦手なので、子どもたちに教えるなんて…」という声も聞こえてきます。

でも大丈夫です。小学校音楽科では、「プロの音楽家」を育てるわけではありませんよね。先生方は、他の教科と同じように、「楽しく音楽活動ができる」ように支援していけばいいのです。

教師は、子どもが楽しく活動することができるように、「授業をどのように組み立てていけばいいのか」「どのような手立てが取れるのか」「どんな仕掛けをすればいいのか」「どんな声かけができるのか」などと考えていけば、音楽の授業も待ち遠しくなるはずです。

子どもを輝かせるための３つの役割と３つの意識

小学校には小学校の「音楽科の役割」があると考えます。私が考える「小学校音楽科の役割」は３つです。

①子どもの内にひめている音楽（感性）を発揮させること、目覚めさせること
②音・音楽と出会わせて、技能を高めていくこと
③音を通して、人と人とをつないでいくこと

最終のゴールは、『音や音楽を通して自分の考えや思いなどを表現すること』だと考えます。歌が上手に歌えることや楽器が上手に演奏できることも大切ですが、「わたしは、音・音楽でこう表現したい！」と思える子を育てたいと思っています。

そのために、3つの意識をしています。

①子どもに歩み寄ること
②子どもの発信を拾うこと
③音楽との接点をたくさんつくること

　音楽の授業では、どうしても教師からの一方的な指導になってしまいます。歌唱や器楽などの技能を教えていくためには仕方のないことかもしれません。
　しかし、小学生の子どもたちは「自分から発信したい！（表現したい）」と思っています。その思いを拾って、生かして、つないでいくことが教師の役割ではないでしょうか。「合唱」や「合奏」などの活動では、一人ひとりを生かしたり、輝かせたりすることは難しく、どうしても技能が高い子ばかりにスポットがあたってしまいがちです。
　本書にある授業アイデアは、「誰もが主人公になれる」内容です。「歌やリコーダーが苦手な子もきっと大活躍！」することでしょう。また「ピアノが苦手…、楽譜が読めない…」と音楽の授業に困っている先生方の味方にもなる本です。本書の内容は、「平野流の音楽授業のつくり方」ですが、これを参考に「○○先生流の音楽の授業」をつくっていただければ幸いです。

音楽と学級づくり

　もちろん、音楽の授業だけでなく、「学級活動」や「特別活動」などの時間や「ちょっとしたスキマの時間」にも取り上げていただいても構いません。「音楽でつくる学級経営」なんて言葉もステキですね。
　「音楽の授業をすれば、学級の雰囲気がわかる」という言葉を聞くことがあります。音楽には様々な力があります。ある目標に向かって進む一体感を生みだしたり、音を通して関わることで人と人とをつないだりする力もあります。
　また、お互いを認め合ったり、受け入れたりすることも音楽を通してすることができます。音楽科教育の視点だけでなく、学級づくりの視点からも本書を見ていただければと思います。

　明日からの先生方や子どもたちの音楽活動が、楽しく学びのあるものになることを願って。

● わかる できる つながる！ 一人ひとりが輝く音楽授業アイデア26　もくじ

はじめに ………………………………………………………………… 5

パート1　音楽の授業アイデア26

活動01	息をそろえて・拍に合わせて ………………………………………	10
活動02	リズムで集まれ【基本編】 ……………………………………………	12
活動03	リズムで集まれ【応用編】 ……………………………………………	14
活動04	仲間を増やソング【パート1】 ………………………………………	16
活動05	仲間を増やソング【パート2】 ………………………………………	18
活動06	『幸せなら手をたたこう』で学級の雰囲気を高めよう【パート1】 …	20
活動07	『幸せなら手をたたこう』で学級の雰囲気を高めよう【パート2】 …	22
活動08	リコーダーの輪奏で仲間もふえ～る ………………………………	24
活動09	「ペアリコーダー」仲間と関わりながらスキルアップ ………………	26
活動10	名前でリズメロ【パート1】リズム（声）で表現 ………………………	28
活動11	名前でリズメロ【パート2】音の高さ（声）で表現 ……………………	30
活動12	名前でリズメロ【パート3】手拍子や体の動きで表現 ………………	32
活動13	円でリズムゲーム ……………………………………………………	34
活動14	楽譜がなくても大丈夫！リコーダー1音リレー ……………………	38
活動15	楽譜がなくても大丈夫！リコーダー1音でアドリブ ………………	40
活動16	楽譜がなくても大丈夫！リコーダー2音、3音でアドリブ …………	42
活動17	楽譜がなくても大丈夫！4音のアドリブで旋律の終わり方を感じ取る ……	44
活動18	2小節の旋律づくり（活動17の発展 2人組での活動） …………	46

活動19	4小節の旋律づくり（活動17、18の発展 4人組での活動）	47
活動20	楽譜がなくても大丈夫！アドリブでまねっこ合戦【パート1】	48
活動21	名前で音楽をつくろう（活動10～12の発展）	50
活動22	まねだけで音楽をつくろう（活動14～17の発展）	53
活動23	旋律をつくって、つなげて、重ねよう	57
活動24	『聖者の行進』2パートづくり	60
活動25	役割を決めた音楽づくり	63
活動26	リズムを重ねて音楽づくり	67

パート2　音楽のミニネタ7

ネタ01	リコーダーワクワク練習術	72
ネタ02	ワクワク音取り術	74
ネタ03	だれもが歌いたくなるちょっとした工夫	76
ネタ04	朝や帰りの会でのひと工夫	78
ネタ05	学級歌制作までの道のり	80
ネタ06	子どもに寄りそうおすすめ楽器	82
ネタ07	隊形の工夫で子どものやる気もアップ	84

付　録　　音楽ワークシート＆伴奏楽譜集　　85

Part 1

パート1

音楽の授業アイデア26

活動01 息をそろえて・拍に合わせて

「音楽の活動はピアノが弾けないと…」と思っていませんか？
さあ、「打楽器ひとつ」で活動をはじめてみましょう。

ねらい 先生の打つ拍を聴き取り、拍に合わせて体を動かす。
みんなで息をそろえて活動し、クラスの一体感を高める。

対象学年…低・中・高　形態…一斉　所要時間…15分
用意するもの…カスタネット、拍子木、ウッドブロック、バスウッドドラムなどの木質の打楽器
つながり…歌唱、器楽　　隊形…円、たて・横の1列

活動の流れ

① 以下のルールを説明する

1．拍に合わせて正確に座る
2．1拍で1人ずつ座る
3．座ったら、じっと動かない

② 打楽器などで拍を打つ

速さの目安
低 ♩＝60〜80　　中 ♩＝60〜100　　高 ♩＝60〜120

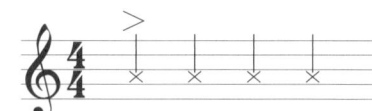

ポイント カスタネットや拍子木は強弱で、ウッドブロックは高低でアクセントをつけましょう。アクセントをつけると、小節のまとまりを感じ取りやすくなります。

③ 拍に合わせて1人ずつ座っていく

 先生の打つ拍に合わせて1人ずつ座っていきましょう。みんなで一周したら成功です。

○1〜3拍で終わったとき…

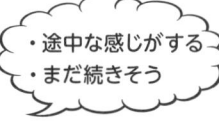
・途中な感じがする
・まだ続きそう

成功して盛り上がったあとに…

 次は、最後の人が4拍のうち、何拍目で終わっているのか、考えながらやってみましょう。

○4拍目で終わったとき…

・ピッタリだ
・終わった感じがする

④ 速度の変化を聴き取り、立ったり座ったりする

★やりとり

- 先 次は、あるものを変化させてみます。よく聴いていてくださいね（打つ拍の速度を上げる）。
- 子 え〜！速くなった。
- 先 ついてこれるかな？何か気をつけることがないかな。
- 子 準備を前よりも早くして、素早く座れるようにする。
- 子 自分よりも、もっと前の人の動きをしっかり見ておく。
- 先 ではいくよ！

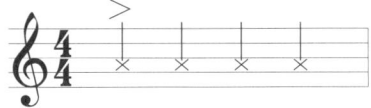

アレンジ例
1. 活動の途中で、速度を速くしたり、遅くしたりする。
2. 座りながら、顔に動きをつけて、次の人に伝える。

⑤ 強拍を意識して、立ったり座ったりする

★やりとり

- 先 先生は2種類の音を出していましたが、誰か気がついたかな？
- 子 高い音と低い音。
- 先 強い音と弱い音。
- 先 いいところに気がついたね。先生の音をよく聴いていたということだね。
- 先 今度は、高い音や強い音の人だけが座っていきます。

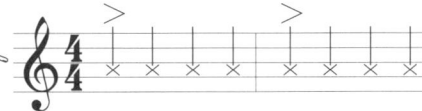

○三拍子に…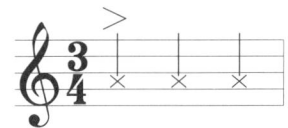

○アクセントを変えて…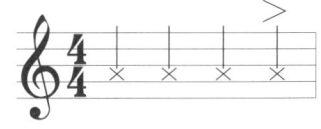

アレンジ例
1. 4拍子だけなく3拍子に拍子を変える。
2. アクセントの付ける位置を2〜4拍目に変える。

まとめ（音楽・学級づくりの視点から）

音 拍に合わせて表現することは、歌唱や器楽の活動にもつながります。また、速度の変化や強拍に注目させて活動することにより、音楽的な力を深めることができます。失敗を楽しみながらくり返し挑戦してみてください。

学 この活動は、クラス全員で拍に合わせて活動していきます。みんなの息がそろうことで、成功が見えてきます。途中やあと1人のところで失敗することもあるでしょう。失敗してしまった子に、周りの友達がどのように声をかけるかも学級づくりでは大事な視点になります。クラス全員で力を合わせて活動してみてください。

活動 02 リズムで集まれ【基本編】

リズムは音楽活動の基本です。友達と関わりながらリズム遊びをすることで、音楽の力とともに仲間との関係も深めることができます。

ねらい リズムを正確にたたく、リズムを聴く、リズムを組み合わせる。お互いのリズムを聴き合いながら、同じリズムで集まる。

対象学年…低・中・高　　形態…一斉　　所要時間…15分
用意するもの…テンポをキープするための打楽器、歌唱CD
つながり…音楽づくり　　隊形…席に座って、1人ひとり広がって

活動の流れ

① 5つのリズムパターンを提示する

【形で示す】1,2年生

1	○	○	○	
2	○		○	
3	○	○○	○	
4		○		○
5				○○

【音符で示す】3〜6年生

1	4/4	♩	♩	♩	♩
2	4/4	♩	𝄽	♩	𝄽
3	4/4	♩	♫	♩	𝄽
4	4/4		♩	𝄽	♩
5	4/4	𝄽	𝄽	𝄽	♫

② 5つのリズムパターンをみんなで練習する

★やりとり

ステップ1　1つずつ練習する（全員でそろえる楽しさ）
- 先 まずは1番のリズムを練習します。全員がそろったら2番に進みますよ。
- 先 「1番どうぞ」
- 子 タン　タン　タン　ウン

ステップ2　1〜5を通して練習する（最後まで通す楽しさ）
- 先 1〜5番を通して練習します。全員が最後までそろえてたたけたら合格です。
- 先 「通してどうぞ」
- 子 タン　タン　タン　ウン　……

ステップ3　1〜5をランダムに練習する（先を予想する楽しさ）
- 先 順番をバラバラにして練習します。
- 先 「3番どうぞ」　子 タン　タタ　タン　ウン　先 「5番どうぞ」　子 ウン　ウン　ウン　タタ
- 先 「1番どうぞ」　子 タン　タン　タン　ウン……

③ 5つのリズムパターンから1つを選び、そのリズムをたたきながら歩く。歩きながら、同じリズムをたたいている友達を見つけたら集まってたたいていく

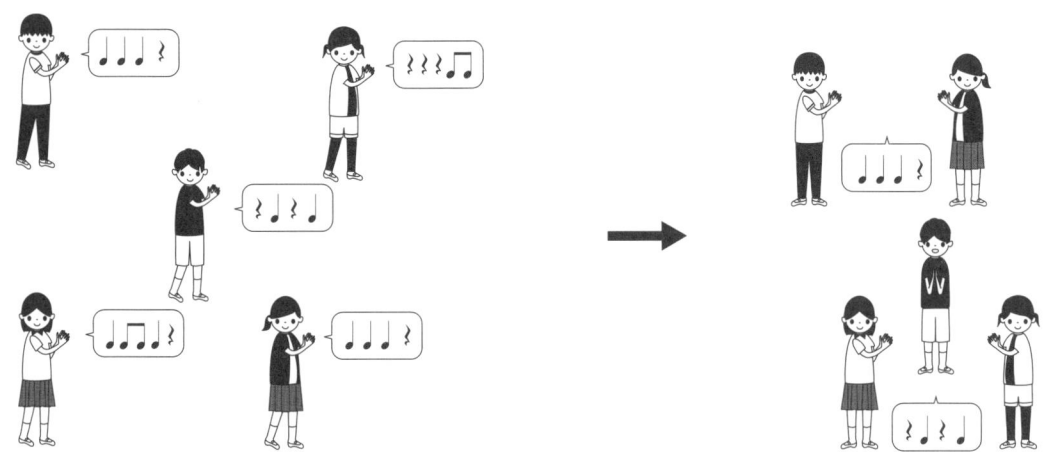

ポイント この活動では、相手のたたいているリズムをよく見たり聴いたりすることが大切です。そのために、声や指などで自分の番号を知らせてはいけないことを伝えておくといいでしょう。

④ 先生のリズムを聴き、自分が選んだリズムを一緒にたたく

アレンジ例
先生がたたいたリズムを聴いて、自分が選んだリズムと同じだった子は、リズムをたたきながら自分の席に戻る（5つのパターンをランダムに行うと良い）。

まとめ（音楽・学級づくりの視点から）

音 リズムの活動は、どの学年でも共通して楽しむことができます。また、友達と関わりながら活動することで、習得したリズムを生かすことができます。「そろう楽しさ」「通す楽しさ」「予想する楽しさ」を味わえるように支援していきましょう。

学 リズムをもとに活動することで、普段関わりが少ない友達と一緒に学ぶことができます。「自分のリズムを主張する」「相手のリズムを聴き取る」、どちらも学級づくりには必要な要素ですね。

活動 03 リズムで集まれ【応用編】

子どもたちは、打楽器が大好きです。今度は打楽器を手に持って、打楽器の音色の面白さやリズムの組合せを楽しみましょう。

ねらい
打楽器に親しみながらリズムをたたく。
曲に合わせてリズムをたたく。リズムの組み合わせを考える。

対象学年…中・高　形態…一斉　所要時間…10〜15分
用意するもの…小物の打楽器（カスタネット、タンバリン、トライアングル、鈴、ウッドブロック、クラベスなど）、歌唱CD（日頃から親しんでいる曲）
つながり…器楽、音楽づくり　隊形…1人ひとり広がって

活動の流れ（活動2（P12〜13）の続き）

⑤ 学級で親しんでいる曲に5つのリズムを乗せて集まる

先生はピアノ伴奏やCDなどで音楽を流します。
子どもたちは音楽に合わせて自分の選んだリズムをたたき、同じリズムで集まります。

参考曲
「さんぽ」「せんせいとおともだち」
「おもちゃのチャチャチャ」
「小さな世界」「ビリーブ」
「大きな古時計」など

⑥ 打楽器を使って集まる

1人1つずつ打楽器を選びます。選んだ打楽器を手に持ち、自分のリズムをたたきながら同じリズムで集まります。

アレンジ例
同じリズム同士で集まった後に、そのグループ内で打楽器の交換をする。そして、もう一度同じ活動をする（様々な打楽器に親しめるように）。

⑦ 5つのリズムパターンを組み合わせて楽しむ

★やりとり

先　5つのリズムパターンの組み合わせを考えます。1と組み合わせるならば何番が合うかな？
子　5番が合うと思うな〜。
先　よく考えたね。でもどうして5番を選んだのかな？
子　1番は4拍目がウン（休み）になっているから、5番を組み合わせれば4拍目にもリズムが入るからです。
先　ここでの正解はないんだけど、こうやって組み合わせを考えられることが大切ですね。
先　では、1番と5番の組み合わせでたたいてみましょう。

⑧ 自分たちで5つのリズムをつくって組み合わせる

★やりとり

先　みんなで5つのリズムを考えてみましょう。誰か1つ目のリズムを考えて、前に書いてくれますか？
子　タン　ウン　ウン　タン
先　よく考えましたね。いままでに出てこなかったリズムですね。次は2つ目のリズムを考えます。1つ目と同じにならないように考えてください。
子　ウン　ウン　タン　タン（このやり取りを続けて5つのリズムを出します）

1		○			○
2				○	○
3	○	○○			
4	○				○○
5			○	○	

1	4/4	♩	𝄽	𝄽	♩
2	4/4	𝄽	𝄽	♩	♩
3	4/4	♩	♫	𝄽	𝄽
4	4/4	♩	𝄽	𝄽	♫
5	4/4	𝄽	♩	♩	𝄽

まとめ（音楽・学級づくりの視点から）

音　子どもたちは打楽器が大好きです。しかし、合奏以外で親しむ時間はなかなか取れません。友達と楽しく関わりながらも、打楽器の奏法や音色などにも関心が持てるように活動を進めましょう。

学　打楽器を選ぶ時に、「あの楽器がよかったのに！」「この楽器嫌い！」などとトラブルになることが予想されます。友達にゆずる気持ちや周りの様子を見る力も育てていきましょう。

活動04 仲間を増やソング【パート1】

歌はみんなで歌うもの！と決めつけていませんか？少人数で歌ったり、関わりながら歌ったりすることで友達の輪も広がります。

ねらい 友達の表情を見ながら、息をそろえて歌う。

対象学年…低・中・高　形態…一斉、グループ　所要時間…10分
用意するもの…歌唱CD（音楽の授業や学級で親しんでいる曲）
つながり…歌唱　　隊形…1人ひとり広がって、円になって

活動の流れ

① 音楽の授業や学級で親しんでいる曲の1番だけを歌う（1人ひとりで歌う）

ポイント ここでは、1人ひとりの表現を大切にしてあげましょう。自分の好きな方向を向いて歌ったり、目をつぶって歌ったりすると意欲が向上します。

② 先生がたたいた数の人数で集まって座る

1番を歌い終えたら、ピアノ伴奏やCDなどの音源を止めます。そして、先生が手拍子や打楽器などで数回たたきます。

・先生がたたいた数の人数で集まって座ります。
・ピッタリにならない時や困っている友達がいたら誘い合ってくださいね。
・それではたたくよ〜。

ポイント　先生がたたいた数の人数で集まることが目的ではありません。輪に入りそびれた子がいたら、誘ったり声をかけあったりすることが大切です。

③ 集まった人たちで同じ曲の1番を歌う

・集まった人たちで円になって歌います。
・お互いの顔をよく見ながら歌いましょう。
・息をすうタイミングが合わせられるといいね。

②〜③の活動を数回くり返す（数は変えて）

アレンジ例
高学年では、男女別々に活動してしまいがちです。男女が必ず混ざることなどの条件をつけるとみんなで活動することができます。

④ 条件をつけて集まる

・今度は数ではなく、条件を伝えますよ。
・その条件の人が輪の中にいるようにしてください。
・名前が5文字の人！（この他にも、名前に「た」が入っている人、めがねをかけている人、朝食でパンを食べてきた人などアレンジを加えてください）

〜名前が6文字〜　　　　〜朝食でパンを食べてきた人〜

まとめ（音楽・学級づくりの視点から）

音　友達と関わりながら活動することで、同じ曲を楽しみながらくり返し歌うことができます。また、友達の表現のいいところをマネすることで技能も向上していきます。

学　集まる時に、仲の良い友達でかたまってしまうことがあります。条件をつけたりくり返し活動したりすることで、みんなと関わりながら歌うことができます。

活動 05 仲間を増やソング【パート2】

どうしても普通教室で音楽をしなければいけない時ってありますよね。机を並べて椅子に座った状態でも楽しく活動できますよ。

ねらい 曲の構成や小節を感じ取りながら、友達と楽しく歌う。

対象学年…低・中・高　形態…2人や4人組　所要時間…10〜15分
用意するもの…歌唱CD
つながり…歌唱、音楽的な知識　　隊形…席に座って、数人で集まって

活動の流れ

① 曲の1番を2人で一緒に歌う（ここでは『ふじ山』を取り上げる）

ポイント 取り上げる曲の旋律や歌詞を、ある程度把握できるまで、くり返し歌いましょう。（ネタ02「ワクワク音取り術」も参照（74ページ）ください）

② 2人の中でAさんとBさんを決めて、まとまった小節ごとに交互に歌う

・2人の中でAさんとBさんを決めてください。そして、どちらが先に歌い始めるかも決めてね。
・では、まず4小節ごとに歌いましょう。

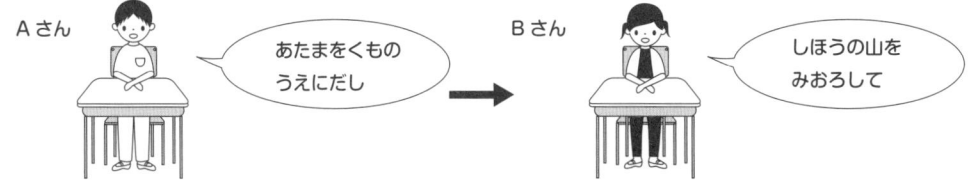

Aさん「あたまをくものうえにだし」 → Bさん「しほうの山をみおろして」

その後、2小節ずつや1小節ずつに挑戦しながら曲に親しみます。

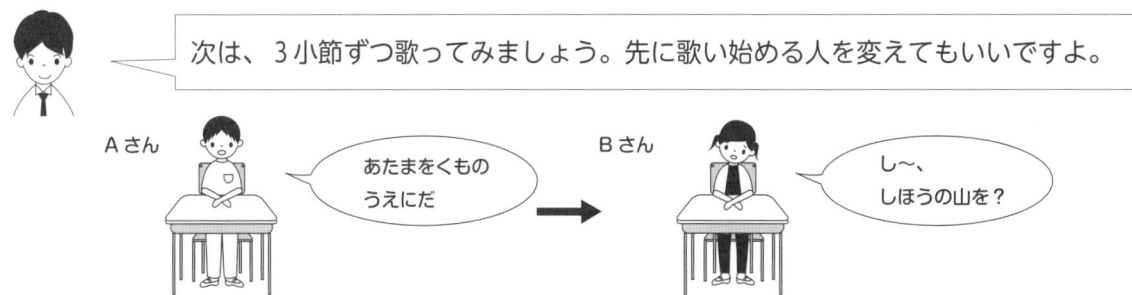

次は、3小節ずつ歌ってみましょう。先に歌い始める人を変えてもいいですよ。

Aさん「あたまをくものうえにだ」 → Bさん「し〜、しほうの山を？」

ポイント 旋律のまとまりは、4や8小節などの偶数になっています。3小節のように奇数で交互に歌うと、「ん？何だか歌いにくいな〜」と思うはずです。実際に歌って感じながら、曲の構成や旋律のまとまりを理解することが大切です。

③ 約束事を決めて歌う

・交互に歌う時に、今度は自分たちで合図を出し合って歌いましょう。
例えば、「AさんがBさんの肩に触ったらBさんが歌う」とか、「Aさんがウィンクしたら Bさんが歌う」とか、「Aさんが座ったらBさんが立って歌う」とかです。
・さあ、2人で相談して決めましょう。

アレンジ例

ここでは2人の活動を紹介しています。曲の長さによっては、4人や8人で活動することもできます。

④ 最後は、クラス全員で歌う（でもゲーム感覚でワクワク）

★やりとり

先 最後は、クラス全員で歌いましょう。『ふじ山』の16小節の中で、自分が好きな、または歌いたい小節を2小節選びましょう。

先 そして、自分が選んだ小節のところだけ立って歌います。もし、誰も立たない時は先生が歌いますが、先生に歌われたら負けですよ。

子 もし誰も歌う人がいなかったら、自分が違うところを選んでいても、その小節を歌ってもいいのかな？

先 もちろんいいですよ。とにかく先生に歌われたら負けだからね。

まとめ（音楽・学級づくりの視点から）

音 音楽では感じてわかる部分も多いです。曲の構成や旋律のまとまりは実際に歌いながら体得していきます。そして、友達と関わりながらというのがポイントです。

学 ただ向かい合って歌うだけでは、恥ずかしがってしまいます。約束事を決めて交互に歌ったり、ゲーム性を取り入れたりすることで、楽しく、また何度も曲に親しむことができます。

活動06　『幸せなら手をたたこう』で学級の雰囲気を高めよう【パート1】

子どもたちのほとんどが知っている『幸せなら手をたたこう』。教師の声かけや場の工夫によって、子どもたちをつなぐ魔法の曲に変身します。

ねらい　拍の流れにのり、周りの状況を見ながらリズムで表現する。リズムを即興的に考えて表現する。

対象学年…低・中・高　形態…一斉　所要時間…10〜15分
用意するもの…打楽器【音楽室時】コンガやボンゴ、バスウッドドラムなどの大物の打楽器
　　　　　　　　　　【普通教室時】タンバリン、カスタネットなどの小物の打楽器
つながり…歌唱、器楽　　隊形…円になって

活動の流れ

① 『幸せなら手をたたこう』の世界に引き込む

★やりとり

先　何も言わずに突然、先生が1人で歌うか、ピアノで演奏します。
　　知っている子が自然と歌い始めます。　「幸せなら手をたたこう　タン　タン〜」
先　「ん？なんで今、手をたたいたの？」とたたいた子に聞きます。
子　なんとなく。たたきたくなっちゃった。
先　そっか〜。その部分はたたきたくなる部分だよね。先生がもう1度歌う（弾く）から、今度は全員でたたいてみよう。　〜1番を通して歌う（弾く）〜
先　1番の中に、何回たたくところがあったかな？
子　3回あったよ。
先　では、タンタンとたたくところになったら、1人ずつ円の中心に出てきて楽器を演奏しましょう。

② 1人ずつ前に出て楽器を演奏する

最初に演奏する人を決めます。演奏した人は座っていきます。歌は全員で歌います。

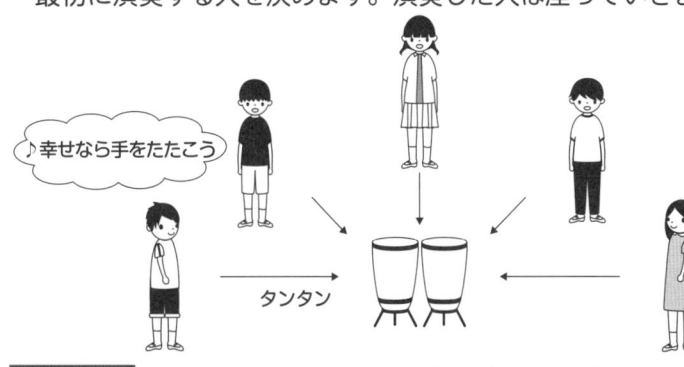

※コンガやボンゴの大物の打楽器は、円の中心に置きます。タンバリンやカスタネットなどの小物の打楽器は、代表を1人か2人選び、円の中心で手に持たせます。

ポイント　周りで歌っている人や伴奏などを弾く時は、演奏する子がタンタンとたたくまでは歌うのを待ってあげましょう。

③ 順番を決めずに1人ずつ前に出て楽器を演奏する

- 今度は順番を決めずに楽器を演奏します。ただし、1回で楽器を演奏できるのは1人です。
- もしたくさんの人が出てきてしまったら、ゆずりあって円に戻ることもあります。
- 走ったり急いだりしてケガにつながるようなことはやめましょう。
- 楽器を演奏した人は円に戻って座ってくださいね。

アレンジ例
人数の多い時や限られた時間で活動する時は、円を2つにしたり2人ずつ演奏させたりしてもよいでしょう。

④ 1人ずつ前に出てリズムを即興的に考えて演奏する

- 次は、タンタンと演奏したところを自分でリズムを考えて演奏します。もちろん同じタンタンでもいいですよ。その人は強弱や音色を変えて演奏するといいですよ。
- 1人ずつ順番に演奏していきます。演奏が終わった人は座りましょう。

ポイント 何を表現していいのか困っている子には、Cさんのように「1発と休符を使ってもいいよ」と伝えてあげましょう。それから友達の表現を聴いて「まねしたいな」と思ったときは、「どんどんまねしてもよい」という場にしておきましょう。

まとめ（音楽・学級づくりの視点から）

音 リズムを即興的に考える活動がありますが、まずはどの子も安心して表現できるように全員が同じリズムで楽しむことが大切です。

学 順番を決めずに表現する場面では、自分のことばかりを考えてしまいがちです。周りの様子や状況を見ながら、時にはゆずり合って表現することも伝えましょう。

活動07 『幸せなら手をたたこう』で学級の雰囲気を高めよう【パート2】

『幸せなら手をたたこう』の活動も2人組になることで、ねらいが変化していきます。ここでは、2人で音楽的に気持ちをそろえて演奏できるようにしていきましょう。

ねらい 友達と息を合わせてリズムをたたく。
友達と相談して表現方法を考える。

対象学年…低・中・高　形態…一斉、2人組　所要時間…10〜15分
用意するもの…打楽器【音楽室時】コンガやボンゴ、バスウッドドラムなどの大物の打楽器
　　　　　　　【普通教室時】タンバリン、カスタネットなどの小物の打楽器
つながり…歌唱、器楽　　隊形…円になって

活動の流れ

① 2人組で『幸せなら手をたたこう』を演奏する

・円の隣の友達と2人組になりましょう。
その2人組で前に出てきて、「タンタン」のところを一緒に演奏します。
・演奏が終わった2人組は座ってくださいね。

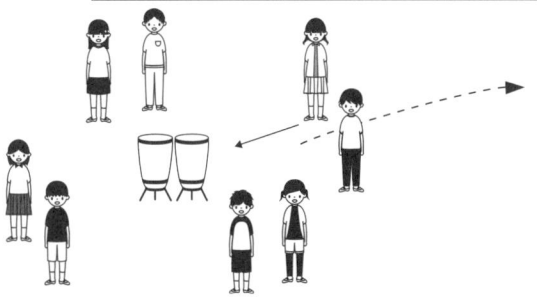

ほめポイント　2人でタイミングを合わせて打楽器を演奏したり、目を見て演奏したりしている2人には…「息が合っているね！」「演奏するタイミングがバッチリだね！」

② 2人で息を合わせて演奏する

さっきの活動で、2人で息をそろえて、タイミングを合わせて演奏している組がありました。今度は、全員でやってみましょう。例えば、目を見て演奏するタイミングを合わせたり、からだの動きで合図してみたりしましょう。

目を見て

首の動きを合わせて

声に出して

③ 2人で演奏の仕方を相談して演奏する

・今度は2人で演奏の仕方を相談してたたきましょう。
・例えば音の大きさを同じにしたり、速くたたいたり、遅くたたいたり、また、たたく位置なども考えられますね。（約1分間相談タイムを設けます）

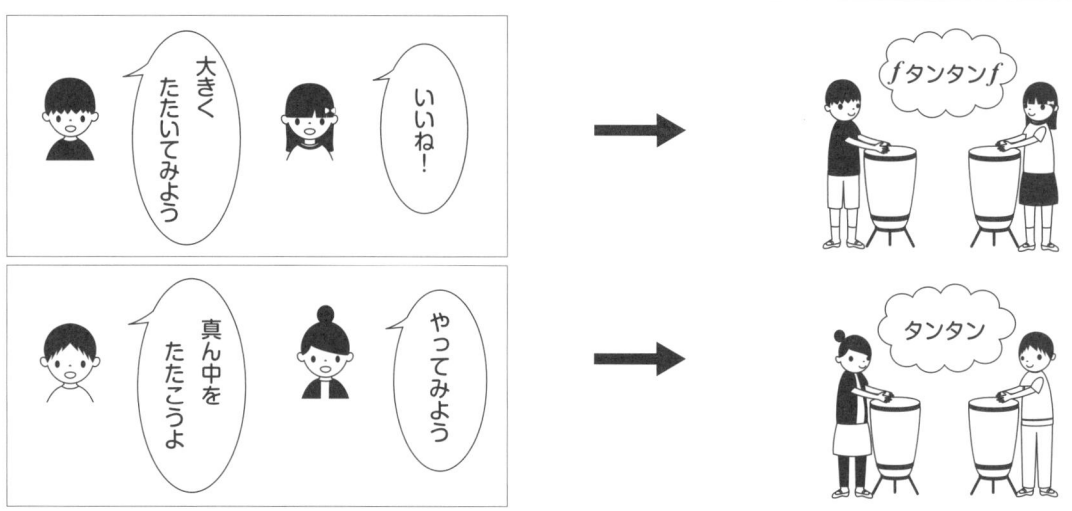

④ 順番を決めずに2人で演奏する

最後は、今の2人組ではなく、誰が出てきても構いません。ただし、打楽器を演奏できるのは2人ですよ。周りを見ながら、またゆずり合いながら活動してみましょう。でもみんながゆずり合ったら先に進まなくなるからね（笑）。

ほめポイント ランダムな2人組でも、息をそろえて演奏したり、演奏の仕方を合わせたりしている子には…「いいね！」「急な2人でも息がピッタリだね！」

まとめ（音楽・学級づくりの視点から）

|音| 楽しく活動する中にも、友達と息を合わせたり、音色などの要素を相談して決めて表現したりしています。単純な活動ですが、器楽の合奏にもつながる活動だと考えています。

|学| 普段なかなか関われない友達ともこの活動を通して音楽でつながることができます。教師は、偶然なった2人組でも楽しく表現できるように支援していきましょう。

活動08 リコーダーの輪奏で仲間もふえ〜る

童歌や童謡、遊び歌の中には輪唱や輪奏で楽しめる曲があります。2人だけでなく、仲間をどんどん増やして輪奏に挑戦しましょう。

ねらい 拍の流れにのって、リコーダーを演奏する。
友達を増やしていきながら、輪奏を楽しむ。

対象学年…中・高　形態…一斉　所要時間…15〜20分
用意するもの…リコーダー（鍵盤ハーモニカでも可）　つながり…器楽
隊形…席に座って、1人ひとり広がって

活動の流れ

① 練習曲を全員でマスターする（ここでは『かえるのがっしょう』を取り上げる）

※ここではト長調だが、ハ長調でも可能

② 隣の友達と2人組（AさんBさんを決めて）になり、輪奏に挑戦する

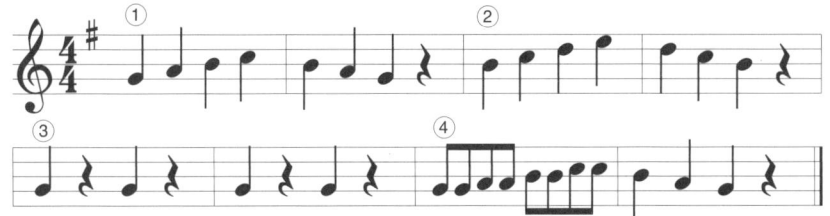

③ 4人組（A〜Dさんを決めて）になり、輪奏に挑戦する

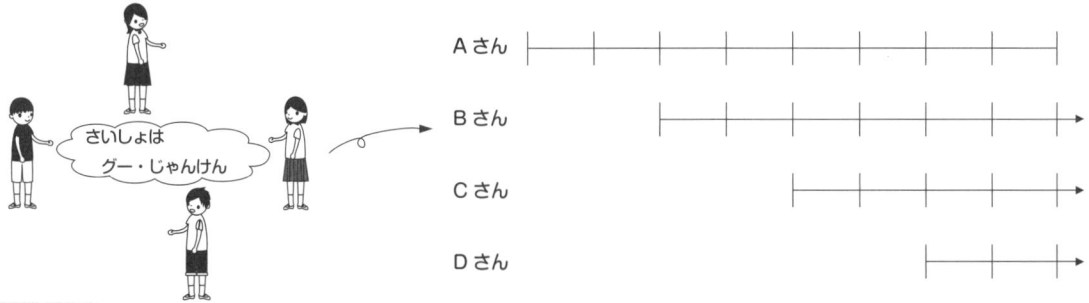

ポイント A〜Dさんの役割を交代して何度も挑戦しましょう。曲の速さ（速く、遅く）もグループで相談しながら活動できるといいでしょう。

アレンジ例
立ったり座ったりと動きをつけて演奏すると、順番に演奏していることが視覚的にもわかるようになります。

④ 相手を見つけながら輪奏に挑戦する

~ルール~
1　全員で広がって『かえるのがっしょう』を歩きながら演奏する
2　1回演奏し終わったら、相手を見つけてAさんBさんを決める（じゃんけん可）
3　2人で『かえるのがっしょう』を輪奏する
4　2人組のまま『かえるのがっしょう』を吹きながら次の相手を見つける（ここでは輪奏はしない）
5　次の相手が見つかったら（ここでは4人組になっているはず）、A～Dさんを決める
6　4人組でAさんから順に輪奏する
7　4人組のまま『かえるのがっしょう』を吹きながら次の相手を見つける（ここでは輪奏はしない）
8　次の相手が見つかったら（ここでは8人組になっているはず）、A～Hさんを決める
9　8人組でAさんから順に輪奏する（ここでは8人までの紹介だが、16、32と増やしても面白い）

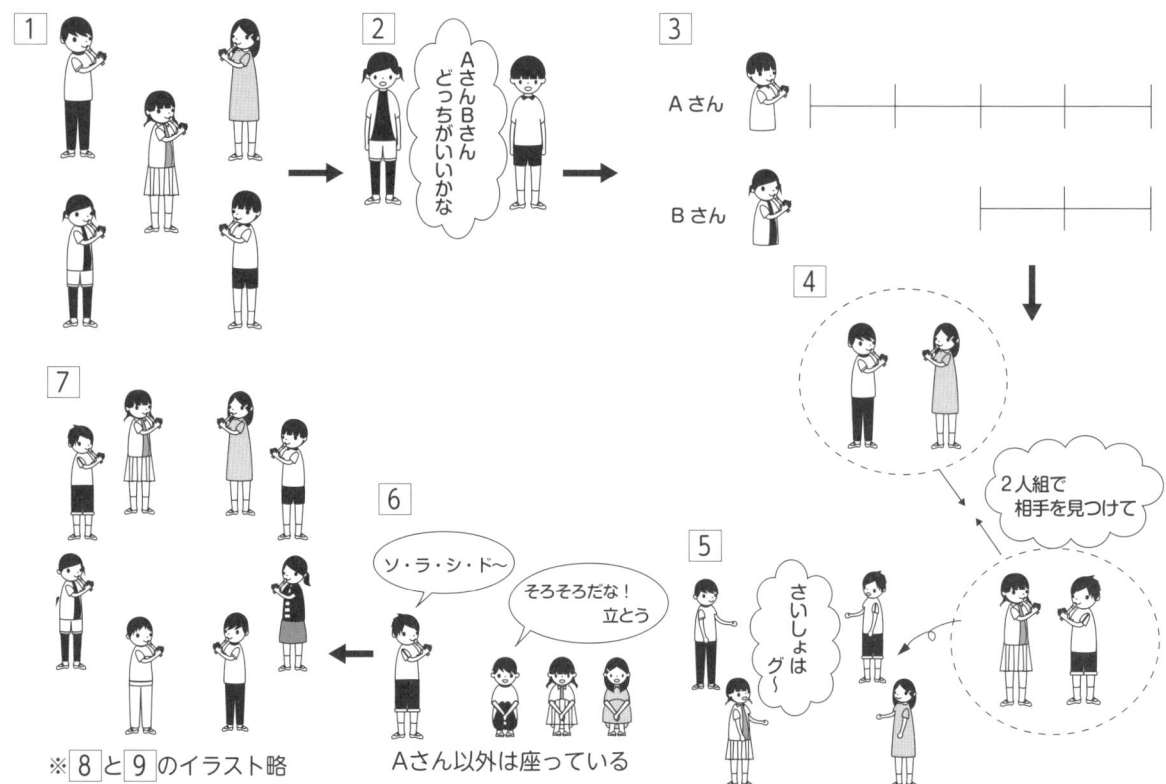

ポイント　4人組ぐらいからは、円になって輪奏するといいです。8人組になると順番決めに時間が掛かるので、最初の人だけを決めて、あとは円の右回りなどとしておくと、スムーズに活動が流れます。

まとめ（音楽・学級づくりの視点から）

音　輪奏は楽しく活動できるだけでなく、拍感やリズム感を養うことができます。『静かな湖畔』『かっこう』『春の小川』『虫の声』などの曲でも活動できます。

学　④の活動では人数がどんどん増えていきます。順番を決める時にトラブルが起こることがあるかもしれません。そこはルールを決めて（じゃんけんなど）、子どもたちが楽しく活動できるように支援しましょう。

活動 09 「ペアリコーダー」仲間と関わりながらスキルアップ

活動5のリコーダーバージョンです。ペアで活動することで、互いの音を聴き合ったり、音楽的な意識をしたりしながら演奏することができます。

ねらい
仲間と関わりながらリコーダーの技能を身につける。
曲の小節や旋律の流れを感じ取りながら、楽しく活動する。

対象学年…中・高　形態…一斉　所要時間…10〜15分
用意するもの…リコーダー（鍵盤ハーモニカでも可）　つながり…器楽　隊形…席に座って

活動の流れ

① 練習曲を2人で一緒に演奏する（ここでは『パフ』を取り上げる）

ポイント 取り上げる曲は、旋律がある程度演奏できるまで、くり返し練習しましょう（ネタ01「リコーダーワクワク練習術」も参照（72ページ）ください）

② 2人の中でAさんとBさんを決めて、まとまった小節で交互に演奏する

・2人の中でAさんとBさんを決めてください。
　そして、どちらが先に演奏し始めるかも決めてね。
・では、まず4小節ごとに演奏しましょう。

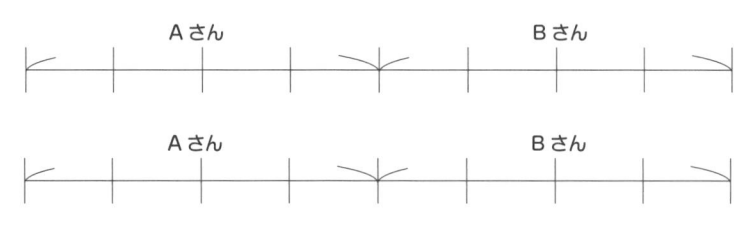

その後、2小節ずつや1小節ずつに挑戦しながら曲に親しみます。

次は、3小節ずつ演奏しましょう。先に演奏する人を変えてもいいですよ。

ポイント 3小節や5小節などの奇数で演奏することを伝えたとき、子どもたちが「え〜！」と言うようになったならば、小節や旋律のまとまりを感じ取れるようになったという証拠です。

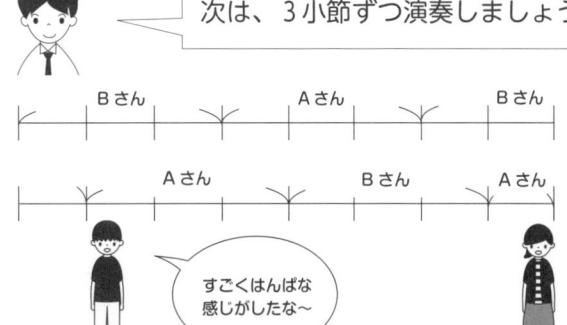

③ 最初に演奏する人を決めずに活動する

- 2人でどちらが先に演奏するかは決めません。
- 自分が先に出るか、後に出るか頭の中で決めてくださいね。そして、ペアの友達には伝えてはいけませんよ。
- 今回は4小節ずつ演奏していきます。
- もし2人とも最初に演奏し始めた場合は、どちらかが演奏をやめてゆずってくださいね。
- 2人とも最初に演奏しなかった場合は、どちらかが途中からでも演奏してくださいね。

ほめポイント 2人で同時に演奏したペアで、友達にゆずれた子には… 「友達の音を聴いてよくゆずってあげたね！」

④ ソプラノ、アルトに分かれている曲で挑戦する

- この曲はソプラノ、アルトに分かれていますが、自分が演奏したいパートを選んでください。ただし、ペアの友達にはどちらを選んだのかは内緒です。
- もし2人ともソプラノを選んだときやアルトを選んだときは、どちらかがパートを変えて演奏してくださいね。
- お互いの音をよく聴きながら演奏をすることがポイントです。

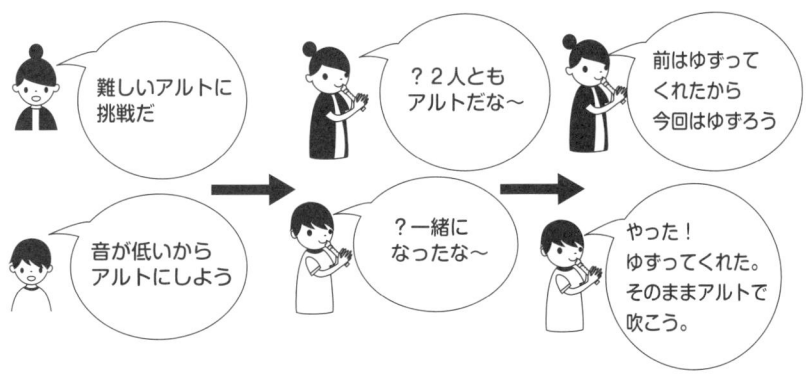

ほめポイント 2人とも同じパートでも、途中で変えられたペアには……「お互いの音をよく聴いていたね！」

まとめ（音楽・学級づくりの視点から）

音 リコーダーなどの器楽では、自分の演奏している音だけを聴いてしまいがちです。この活動では自然と友達の音を聴く仕掛けがしてあります。小節や互いのパートの音をよく聴き合いながら活動が進められるようにしましょう。

学 「友達には内緒！」は、子どもたちが大好きです。そしてルールを決めることで楽しく、自然とゆずり合う気持ちが生まれます。

活動10 名前でリズメロ【パート1】リズム（声）で表現

果物や動物の名前でリズムをつくる活動があります。ここでは、大切な大切な自分の名前を使って音楽的に表現していきます。学級開きの4月におすすめです。

ねらい 自分の名前を使って、即興的にリズムを考えて声で表現する。

対象学年…低・中・高　形態…一斉　所要時間…15〜20分
用意するもの…テンポをキープするための打楽器（ウッドブロックや木魚、バスウッドドラムなど）
つながり…音楽づくり　　隊形…円になって

活動の流れ

① 名前（苗字ではなく）だけを使って表現する

・みんなの下の名前だけを使って、声で表現していきます。
　先生が打楽器でテンポをキープしておくので、みんなは1人1小節の中で表現していきましょう。
・まずは先生が「こんな感じ」ってやってみるね。

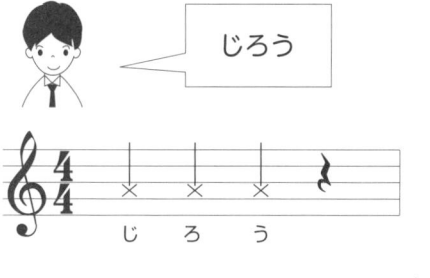

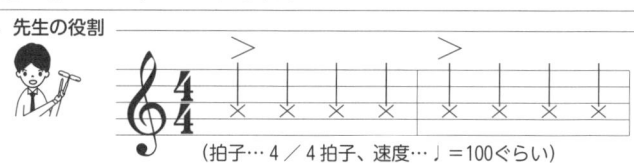
（拍子…4／4拍子、速度…♩＝100ぐらい）

※先生は子どもたちが安心して表現できるように、打楽器などでテンポをキープしてあげます。最初は4／4拍子で、速度は♩＝100ぐらいがいいでしょう。

ほめポイント 付点を使ったり、休符を使ったりとリズムに工夫を加えている子がいたら…「面白いリズムだね！」「よく考えたね！」

ポイント 拍の流れに合わせられない子がいたときは、何小節か間をあけて（待って）から表現してもいいことを伝えましょう。

② コール＆レスポンスで名前を呼び合いながら活動する

・今度は、1人ひとりの表現をみんなでまねしながら活動しましょう。
みんなには、Aさんに対して「応えてあげる、返してあげる気持ち」を持って欲しいと思います。
・『アイアイ』や『大きな歌』、『やまびこごっこ』などの歌でも同じような場所があるよね。
（歌唱などと関連づけながら活動すると活動のイメージが浮かびやすくなります）

ポイント 友達に返してあげる時には、できるだけ大きな声で返してあげるようにしましょう。そのためには、友達の表現をしっかり聴いていることが大切です。

③ 苗字と名前（フルネーム）を使って表現する

★やりとり

- 先 最後は苗字と名前（フルネーム）で表現していきます。
- 子 両方使うの？難しくないかな？
- 先 どうして難しいと思うのかな？
- 子 名前が長くなるから1小節の中に入るかな〜って。
- 先 そうだよね。それならリズムをどうしたらいいのか考えないといけないね。
　〜少し考える時間を取ってから活動をすることをおすすめします〜

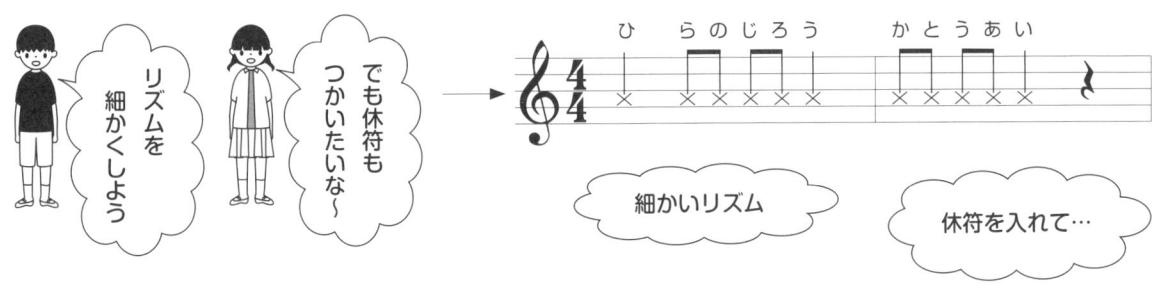

まとめ（音楽・学級づくりの視点から）

- 音 音楽の基本はリズムです。誰もが持っている名前を使って、「どんなリズムにしようか」「休符や細かい音符を使ってみよう」と子どもたちに考える場を与えることが大切です。
- 学 大切な大切な名前。自分の名前を表現すること、友達に名前を呼んでもらうことにより、学級全体にも安心感が生まれます。先生もすぐに名前を覚えられますよ〜。

活動11 名前でリズメロ【パート2】音の高さ（声）で表現

自分の名前をリズムで表現した後は、音の高さに注目します。声で音程を出すのは難しいですよね。まずは高い音、低い音からスタートしていきましょう。

ねらい　自分の名前を使って、即興的に音の高低を考えて声で表現する。

対象学年…中・高　形態…一斉　所要時間…15〜20分
用意するもの…テンポをキープするための打楽器（ウッドブロックや木魚、バスウッドドラムなど）
つながり…音楽づくり　隊形…円になって

活動の流れ

① 自分の名前（フルネーム）を使って、高い音だけで表現する

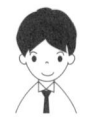

・みんな高い声を出してみてください。
（〜奇声のような高い声を出す子、サイレンのような声を出す子〜）
・いまの高い音を使って自分の名前を表現します。
・名前はフルネームでお願いします。

※先生は、打楽器などでテンポをキープしてあげます。
4／4拍子で、速度は♩＝100ぐらいがいいでしょう。

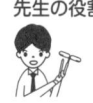

先生の役割

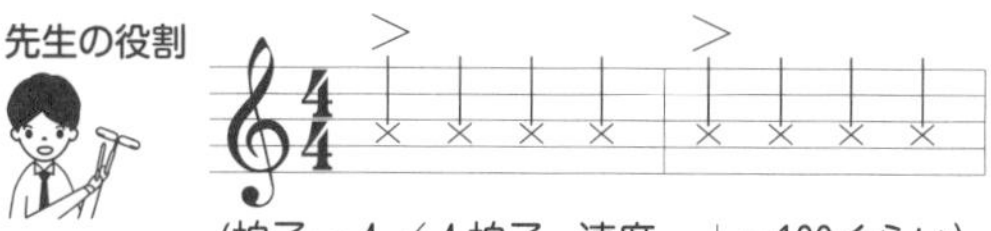

（拍子…4／4拍子、速度…♩＝100ぐらい）

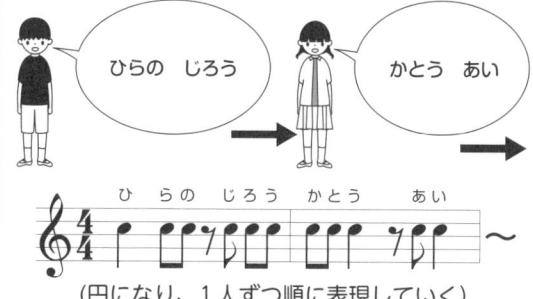

ひらの　じろう
かとう　あい

ひ　らの　じろう　かとう　あい

（円になり、１人ずつ順に表現していく）

ポイント 音の高さのイメージが持てない子がいるときは、高いドをピアノなどで弾き、具体的な音を示してあげてもいいでしょう。

②　自分の名前（フルネーム）を使って、低い音だけで表現する

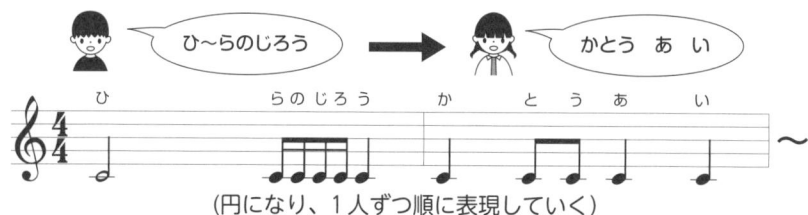

ひ〜らのじろう
かとう　あ　い

ひ　らのじろう　か　と　う　あ　い

（円になり、１人ずつ順に表現していく）

ほめポイント リズムや音の高さだけでなく、音色（声色）にも気をつけている子がいたら…「きれいな声で表現できたね！」、「声の質にも気をつけて表現できたね！」

ポイント 低い音へのイメージが持てない子がいる時は、低いドをピアノなどで弾き、具体的な音を示してあげてもいいでしょう。

③ 高い音、低い音の両方を使って、自分の名前（フルネーム）を表現する

・今度は、高い音と低い音を両方使って表現していきます。
　もちろん高い音だけを使って表現してもいいですよ。
・「自分は高い音から始めようかな」や「高い音と低い音を行ったり来たりして、
　ギザギザの感じで表現しようかな」などを考えてみましょう。
　（〜少し考える時間を取ってから、活動することをおすすめします〜）

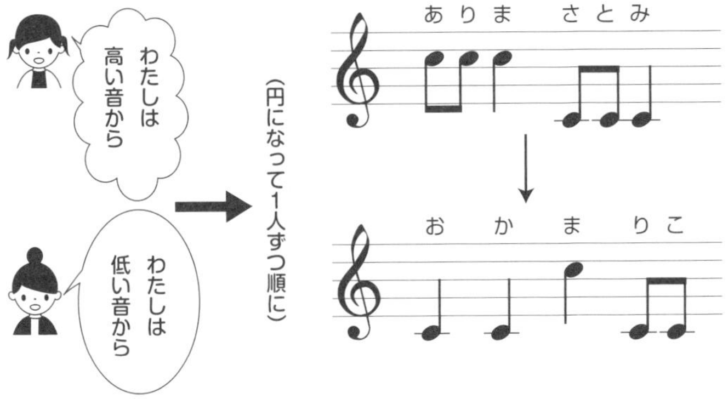

ほめポイント 高い音だけしか使えない子でもリズムを工夫していたら…「リズムはいいね！次は低い音も使ってね」
高い音、低い音の両方を上手に使って表現している子がいたら…「高い音と低い音をうまく組み合わせているね！」

④ 自分の名前（フルネーム）で、音程（ラとソ）を意識して表現する

・最後は音程を意識して表現していきましょう。
　使う音はソとラの音です。
・実際に音を出してみるのでよく聴いてくださいね。
　（〜先生はピアノなどで「ソ」と「ラ」の音を出す〜）
・この2音を使って、自分の名前で表現します。
　始めの音はわかりやすいように「ラ」の音にしておきましょう。

先生の役割　　　ピアノや木琴で伴奏をする。
　　　　　　　（拍子…4／4拍子、速度…♩＝90〜100ぐらい）

まとめ（音楽・学級づくりの視点から）

[音] 音の高さを声だけで表現することは難しいです。まずは高い音、低い音だけで表現していくことが大切です。子どもの実態によっては、音程を「ラソ」に限らずに、幅広い音域で表現させてもよいでしょう。

[学] 音の高さをうまく表現できない子もいます。その時は、低い音だけでもいいですよね。周りで見ている子もそれを許容してあげる信頼関係が築けていればいいですね。

活動12 名前でリズメロ【パート3】手拍子や体の動きで表現

「子どもたちの声がなかなか出なくて…」「恥ずかしがってしまって…」というクラスにはこの活動を紹介します。まずは、手拍子や体の動きを使って気持ちをほぐしましょう。

ねらい
手拍子で自分の名前のリズムを考えて表現する。
音楽的な表現に合わせて体を動かす。

対象学年…低・中・高　　形態…一斉　所要時間…15〜20分
用意するもの…テンポをキープするための打楽器（ウッドブロックや木魚、バスウッドドラムなど）
つながり…音楽づくり　　隊形…円になって

活動の流れ

① 手拍子で自分の名前のリズムを表現する

・手拍子を使って自分の名前を表現します。声に出さなくていいですからね。
・例えば先生の名前は「ひらのじろう」なので、必ず6回は手をたたくことになります。その6回をどんなリズムにするのかをまずは考えましょう。

ほめポイント　声を出さずに表現することを伝えてはいますが、小さな声を出している子や口ずさみながら手拍子をしている子がいたら…「自分の名前のリズムを考えながら表現しているね！」「声に出しながらも面白いね！」

② 手拍子の表現に対して、周りの子が声で名前を呼んでいく

・今度は手拍子の表現に対して、周りで聴いている子がそのリズムでその子の名前を呼んで返してあげましょう。
・1人ひとりのリズムをよく聴いて、しっかりと伝わる声で返してあげるといいですね。

③ 体の動きを入れて自分の名前（フルネーム）を表現する

- 次は、声と体の動きを使って自分の名前を表現していきます。
- 足や手、顔などの動きを上手に使って表現してくださいね。
  ただし、危険なことはやめてください。
- 大事なことはリズムの表現です。体の動きが面白くても、リズムのことを考えていなければ×です。
  （〜自分はどんなリズムにするのか、どんな動きをつけるのかを考える〜）

ほめポイント リズムがハッキリしていて体の動きも同じようにハッキリしている子や高い音の時にジャンプしている子などを見つけたときは…「声での表現と体の動きが合っているね！」「高い音のときに体も高く表現できたね！」

ポイント 体の動きをうまく表現できない子には、「目の動き」「肩の動き」「首の動き」など小さな体の動きでもいいことを伝えましょう。

④ 声の表現と体の動きをまねしながら1人ずつ表現する

- 最後は声と体の動きをまねしながら1人ずつ表現します。
- みんなで体の動きもまねするので、周りに気を付けて動いていきましょう。

まとめ（音楽・学級づくりの視点から）

音 体の動きを取り入れると動きばかりに目が向いてしまいます。しかし、この活動での優先順位は声でリズムを表現することです。その表現と体の動きとをうまくつないでいけるように支援していきましょう。

学 1人ひとりが表現できない時は、①②の活動のように周りの友達が名前を呼ぶ活動から始めるといいでしょう。みんなに呼んでもらえるとどの子も嬉しいはずです。

活動13　円でリズムゲーム

子どもたちはゲーム感覚で行う活動が大好きです。リズムは音楽の基本中の基本。友達と関わりながらリズム感をきたえましょう。

ねらい
リズムを聴き、瞬時に判断する。
拍の流れに合わせて反応する。

対象学年…低・中・高　　形態…一斉　　所要時間…10〜15分
用意するもの…打楽器（ウッドブロックや木魚、バスウッドドラム、コンガ、ボンゴなど）
つながり…器楽、音楽づくり　　隊形…円になって

活動の流れ

① 隊形やルールを確認する

～隊形～
1．全員で円になる
2．左手は腰に手を当てて、右手はグ〜にして右隣の友達の手の間に入れる

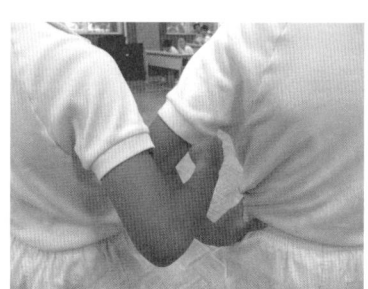

～ルール～
1　『今日のリズム』が聴こえたら、次の小節の1拍目（頭）で右腕を抜き、左腕は隣の友達を捕まえるために腕を閉じる
2　隣の友達に腕を捕まえられた人は負け
　　また『今日のリズム』以外の時に、右腕を抜いてしまった人も負け
3　腕を抜く時には両足が動かないこと
4　負けてしまった人は、円の外側に行き、先生がたたくリズムを同じリズムを手拍子でたたくこと
5　1小節を待たずに、隣の友達を捕まえると反則になる

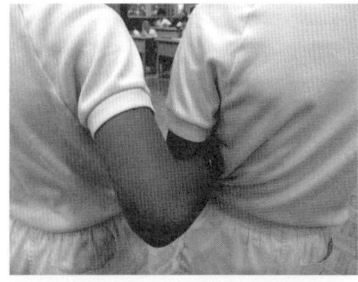
『今日のリズム』の時は捕まえる

腕を抜く時は足は動かさずに

負けてしまったら…

② 円でリズムゲームに挑戦する

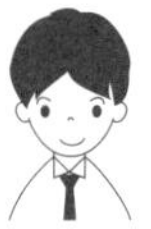

『今日のリズム』はこれです！ しっかり覚えてね。

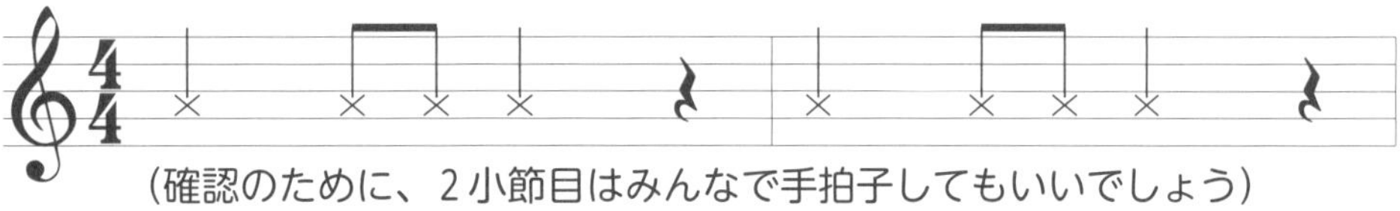

（確認のために、2小節目はみんなで手拍子してもいいでしょう）

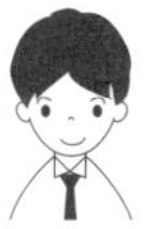

何回か練習してみましょう。

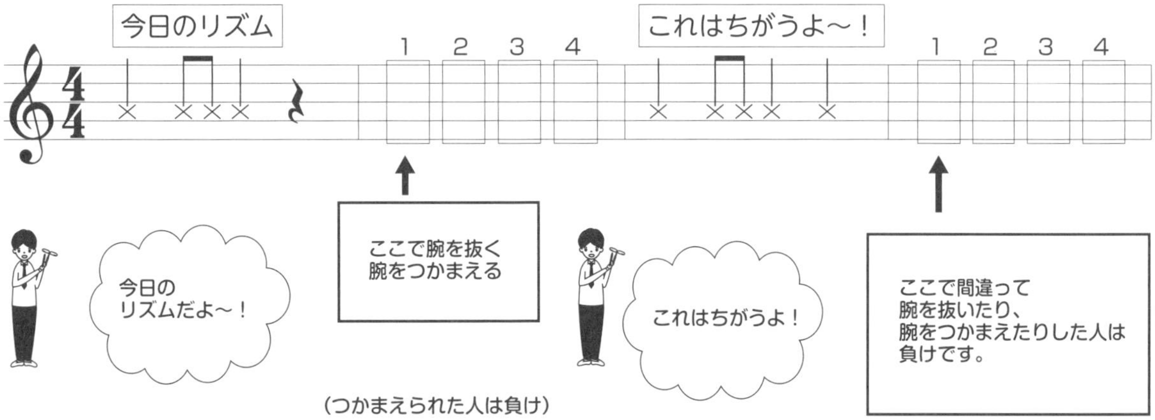

今日のリズムだよ～！

ここで腕を抜く
腕をつかまえる

これはちがうよ！

ここで間違って
腕を抜いたり、
腕をつかまえたりした人は
負けです。

（つかまえられた人は負け）

ほめポイント 次の小節の1拍目で腕を抜いたり捕まえたりしている子がいたら…「しっかりと拍の流れを聴いているね！」「腕を抜くタイミングばっちりだよ！」

それでは本番いくよ！

次の小節の1拍で抜いたりつかまえたりするように。

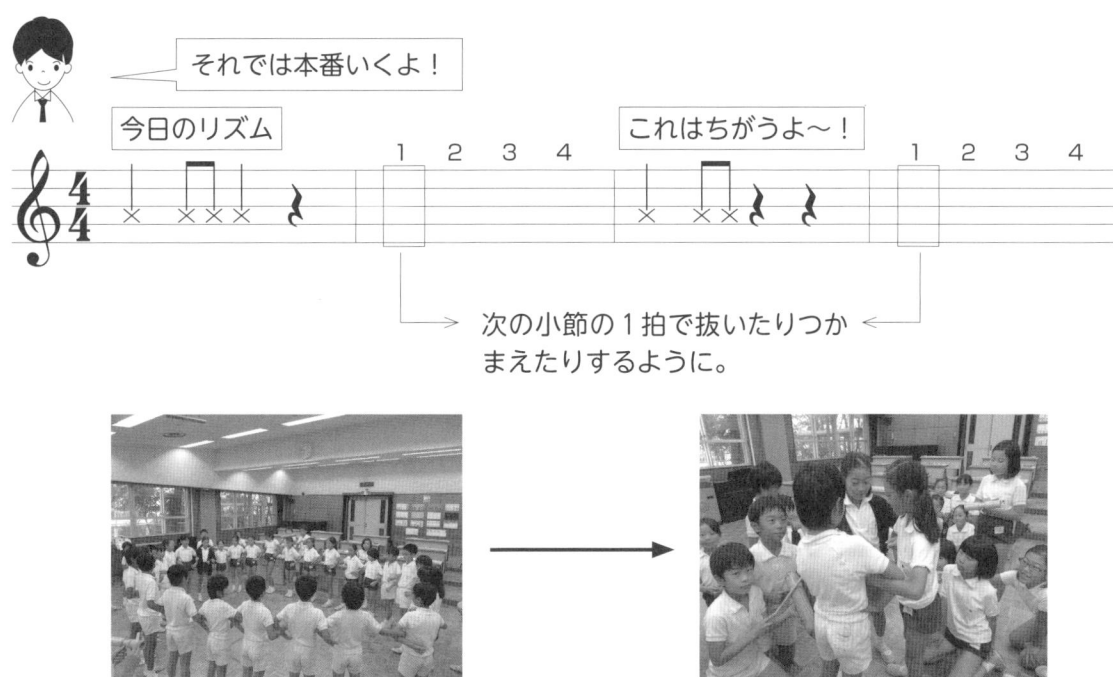

ほめポイント 負けても、円の外で先生のリズムをしっかりとたたいている子がいたら…「先生のリズムをよく聴いてたたけているね！」「負けてもしっかり活動に参加しているね！」

③ 速度や腕を変えるなどのアレンジを加えて挑戦する

～速度を変える～

とても上手になったから、後半になるにつれて速度を速くしていきますね。
速くなっても腕を抜いたり、捕まえたりする位置は一緒ですよ。

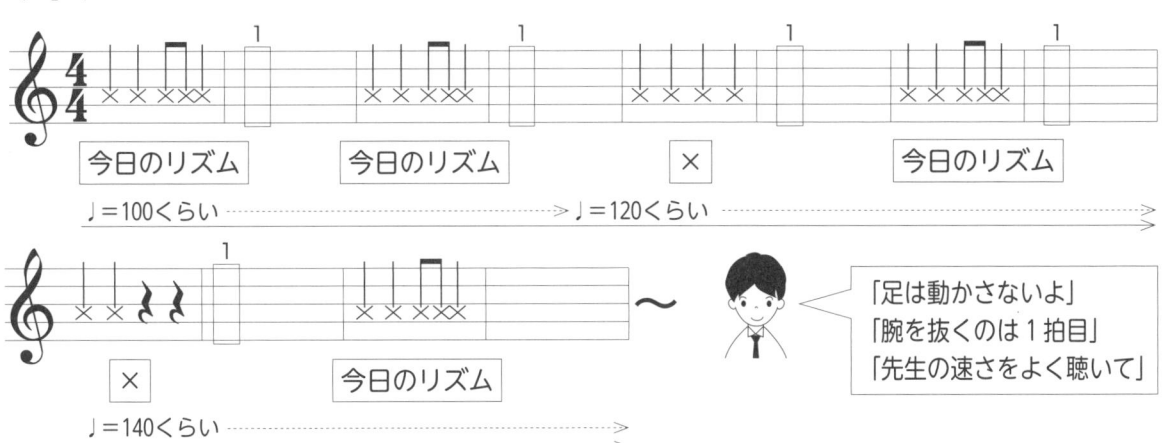

「足は動かさないよ」
「腕を抜くのは1拍目」
「先生の速さをよく聴いて」

ほめポイント 速度の変化を体を動かすなどでしっかりと感じている子がいたら…「速度の変化を体で感じている子がいるね！」「拍の流れを感じながら活動しているね！」

～腕を変える～

先生が「腕を変えて」と言ったら、左手を左隣の子の腕の間に入れてください。
いつもと逆になるので少し難しくなるよ。

※言葉ではなく、先生が楽器を変えたら腕を変えるようにするとより音楽的です。

アレンジ例
人数が多いときや高学年で男女一緒に活動することを
嫌がる時期は、円を2つつくってあげるといいです。

～活動がスムーズに流れるようになったら～
子どもにテンポキープ役をやってもらう

 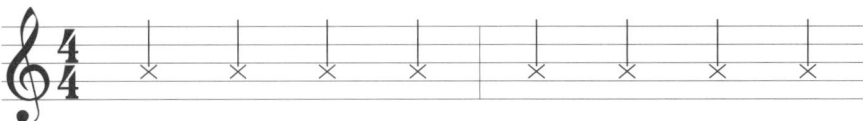

（コンガやバスウッドドラムなどの大きな楽器の方が安定します）

 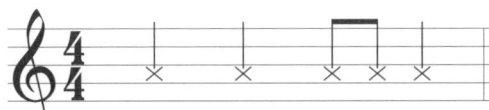

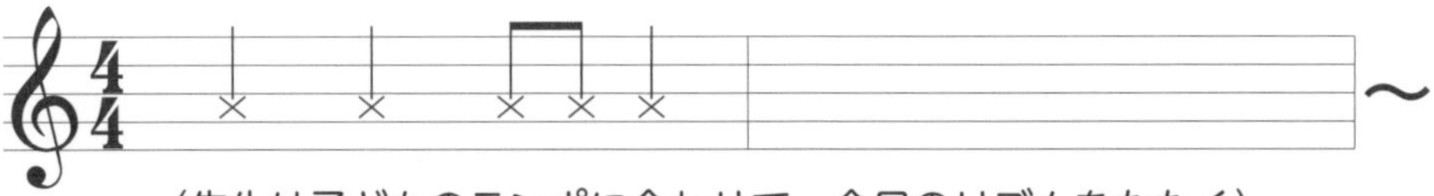

（先生は子どものテンポに合わせて、今日のリズムをたたく）

④ 打楽器でのリズム伴奏を入れながら『円でリズムゲーム』に挑戦する

～打楽器でのリズム伴奏はP67を参照ください～

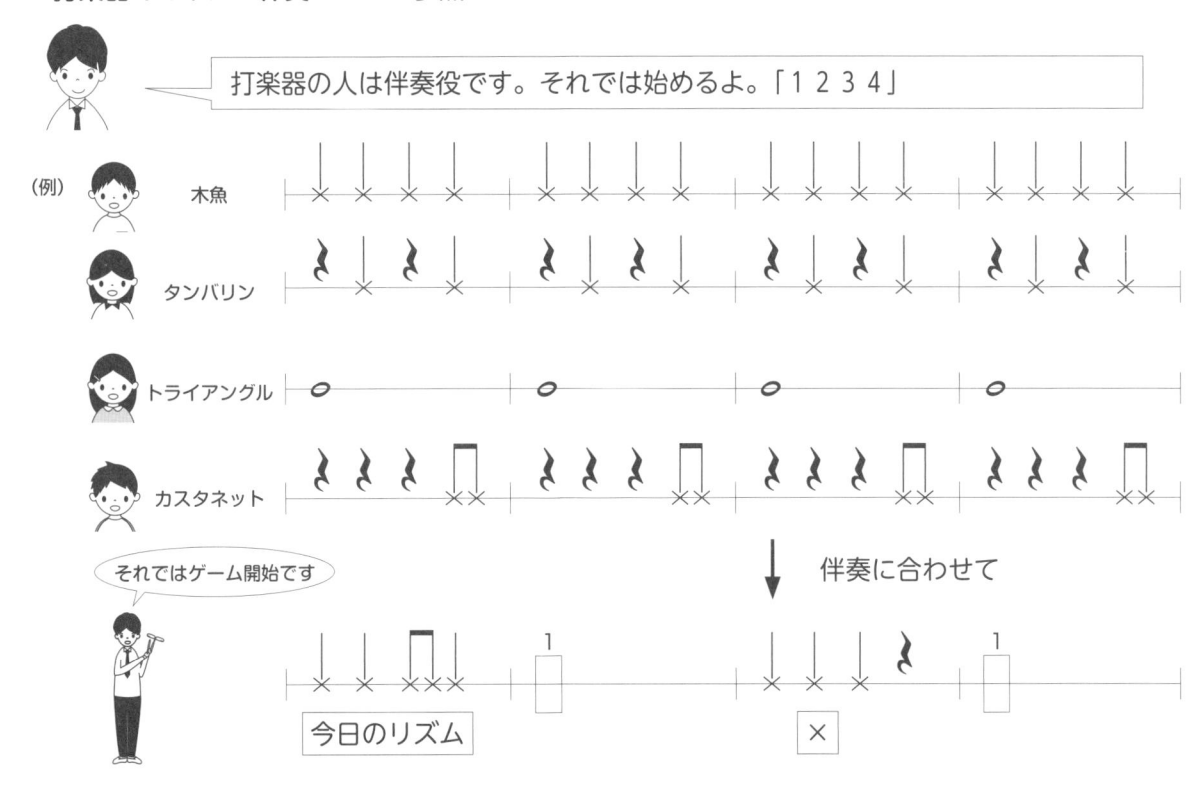

打楽器の人は伴奏役です。それでは始めるよ。「1 2 3 4」

（例）
- 木魚
- タンバリン
- トライアングル
- カスタネット

それではゲーム開始です

↓ 伴奏に合わせて

今日のリズム　　×

ほめポイント　打楽器の伴奏が安定しているときは…「打楽器は伴奏役がしっかりできているね！」「速度も大きさもちょうどいいよ！」

ポイント　打楽器の伴奏が入った方が活動は安定します。それは今日のリズム以外の小節の速度や拍感がずれないからです。

まとめ（音楽・学級づくりの視点から）

音　リズム感はリズム模倣や打楽器などを演奏しているだけでは養えません。リズムを聴いたり、聴き分けたりすることも大切です。またこの活動は、小節や拍を理解させることにもつながります。

学　負けてしまうと悔しがります。しかし、その子たちもその後活動に参加することが大切です。ここでは先生と同じリズムを手拍子でたたくようにしています。

活動 14　楽譜がなくても大丈夫！ リコーダー1音リレー

リコーダーには楽譜がつきものです。しかし、楽譜がなくてもリコーダーに親しむことはできます。まずは好きな音を1音選んで、1人ずつリレーしていきましょう。

ねらい　自分の好きな音を選んで、音色に気をつけて演奏する。

対象学年…中・高　　形態…一斉　所要時間…15〜20分
用意するもの…【子ども】リコーダー（鍵盤ハーモニカでも可）
　　　　　　　【先生】ウッドブロックや木魚、バスウッドドラムなど
つながり…器楽、音楽づくり　　　隊形…円になって

活動の流れ

① 好きな音を選んで、1人ずつ4拍でリレーする

★やりとり

先　みんなが知っている音の中で、好きな音を1つ選んでください。
子　先生！この前「シの♭」を覚えたので使っていいですか？
先　もちろんいいよ。
子　ドは「高いド」と「低いド」があるけど、どちらを選んでもいいですか？
先　自分の好きな方を選んでくださいね。
先　さあ、選べたかな？○○くんは何にしたの？
子　僕は「ソ」を選びました。
先　どうして「ソ」にしたの？
子　ド〜ドの間の音だから選びました。
先　それでは1人ずつ選んだ音をリレーしていきましょう。
　　1人4拍伸ばします。

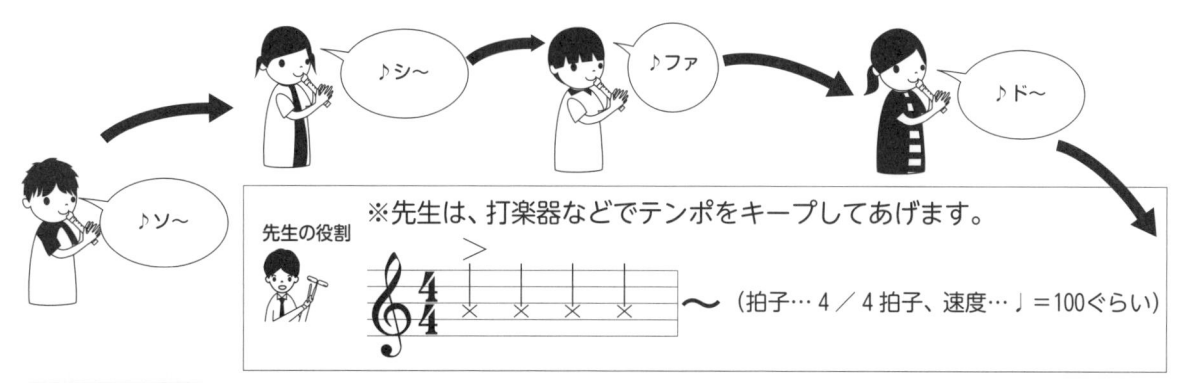

※先生は、打楽器などでテンポをキープしてあげます。

（拍子…4／4拍子、速度…♩＝100ぐらい）

ほめポイント　1音でも音色にこだわって演奏している子がいたら…「きれいな音だね！」「音色に気をつけて演奏できたね！」

② 好きな音を選んで、1人ずつ2拍でリレーする

> 今度は1人2拍ずつでリレーしていきます。4拍の時よりは早く順番が回ってきますね。音は変えてもいいですよ。

ポイント 前の人と同じ音になったときは、先生が指や手で合図をしましょう。そして、リレーが終わったときに「先生何で合図していたかわかるかな？」と問いかけてみましょう。しっかりと音のつながりを聴いている子は「前の人と同じ音だった！」と答えるでしょう。また気が付かなかった子も、次に同じ活動をするときから意識するようになります。これが大切です。

③ 4人組で好きな音をつなげる

～ルール～
1. 4人1組になる
2. 好きな音を1人ずつ選ぶ
   （友達には内緒にしておく）
3. 1人ずつ好きな音を伝える
4. 4人の並び順を考える
   （音の高さを考えながら）
   （みんなが同じ音になった時などは、途中で音を変えてもいい）
5. 1人4拍ずつでつなげる
6. みんなの前で発表する

まとめ（音楽・学級づくりの視点から）

[音] 好きな音を選ぶだけで子どもたちは喜びます。たった1音ですが、1音だから音色にこだわることもできます。また友達の音への関心を高めていくことも大切です。

[学] たった1音をつなげるだけですが、グループで活動する子どもたちの姿は生き生きとしています。音楽の力を使って人がつながっていくことを実感することができます。

活動15　楽譜がなくても大丈夫！リコーダー1音でアドリブ

1音だけ?と思っているかもしれませんが、たった1音でも楽しみながら、また音楽的に表現していくことができますよ。

ねらい　リズムや強弱、息の使い方などを考えて、即興的に表現する。

対象学年…中・高　　形態…一斉　　所要時間…15〜20分
用意するもの…【子ども】リコーダー（鍵盤ハーモニカでも可）
　　　　　　　【先生】ウッドブロックや木魚、バスウッドドラムなど
つながり…器楽、音楽づくり　　隊形…円になって

活動の流れ

① 1音でアドリブ（即興演奏）する

- リコーダーの「ソ」の音だけを使ってアドリブに挑戦します。
- アドリブってわかるかな？
  演劇やお笑いでも使われていますが、台本などにないことをその場で考えて表現することを言います。
- 全員使う音は「ソ」ですよ。その場でどんなことが考えられるかな？
  それではスタート。

※先生は、打楽器などでテンポをキープしてあげます。

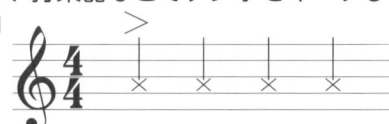

（拍子…4/4拍子、速度…♩＝100ぐらい）

（伸ばすリズムにしたね／休符と細かいリズムを使ったね）

ほめポイント　最初は全音符や2分音符で演奏する子が多いはずです。もし、リズムを細かくしている子や休符を使っている子、息の使い方を工夫している子がいたときは…「リズムのことを考えて表現できたね！」「息の使い方を考えたね！」

② リズムや息の使い方などを考えながら、アドリブに挑戦する

- さっきの活動で「リズム」や「息の使い方など」を考えながらアドリブしている子がいました。
- 今度は、アドリブをする前に1人ひとりが考えてみましょう。
  その考えたことが実現できることも大事ですが、ここでは「どんな風に表現しようかな〜」と考えることを大事にしていきましょう。

(吹き出し内)
- リズムを細かくしよう
- やさしく吹いてみようかな
- 細かく
- やさしく

- 休符を意識
- たくさん休もう

ポイント 自分で見つけられない子には、先生が「リズムを考えて表現する人?」「息の使い方を考える人?」「絶対に休符を使おうと考えている人?」などと具体的に聞いてもいいでしょう。活動に慣れてくるまでは、このくり返しが大切です。

③ コール&レスポンスをしながら１人ずつアドリブをする

１人ひとりのアドリブをまねしていきます。
リズムや息の使い方などをまねできるようにしっかり聴くことも大事です。

Aさん　みんなで　Bさん　みんなで

まとめ（音楽・学級づくりの視点から）

音 この活動は音楽づくりの第一歩です。たった１音ですが、そこに子どもの考えやアイデア、思いなどがたくさん詰まるように支援していきましょう。

学 高学年になると技能の差を気にするようになります。たった１音にすることで、どの子もやさしく、楽しく活動できるようになります。

活動16 楽譜がなくても大丈夫！ リコーダー2音、3音でアドリブ

アドリブをしていると、1音だけでは物足りなくなるのが子どもです。音が1音増えただけで音楽の世界も変わってきます。

ねらい リズムや使う音、強弱、息の使い方などを考えて、即興的に表現する。

対象学年…中・高　　形態…一斉　　所要時間…15～20分
用意するもの…【子ども】リコーダー（鍵盤ハーモニカでも可）
　　　　　　　【先生】ウッドブロックや木魚、バスウッドドラムなど
つながり…器楽、音楽づくり　　隊形…円になって

活動の流れ

① 2音でアドリブ（即興演奏）する

★やりとり

- 先 音を増やしてアドリブに挑戦しましょう。使う音は「ソ」と「ラ」にします。
- 先 音が増えたので、「どちらの音から始めようかな」「どちらの音をたくさん使おうかな」などと考えていけるといいでしょう。
- 子 先生！「ソ」と「ラ」は必ず両方使わないといけないんですか？
- 先 いい気づきだね。もちろん「ソ」だけ、「ラ」だけでもいいですよ。

※先生の役割は、活動14と同じです。

（2音使おう　／　2音で細かく　／　ラからはじめよう　／　ぼくはラだけ）

ポイント　「ソ」や「ラ」のどちらか1音しか使っていない子には、「1音だけでいいから、音色やリズムにこだわってアドリブしてね！」などと声かけしてあげるといいでしょう。

　もし…2音でのアドリブのときに、音の流れで「シ」を吹いてしまった子がいるとします。そこで、「いまはソとラだけだから、間違えですよ！」と伝えないようにしましょう。その時は、その子を生かして、「次はシの音も入れてアドリブしていこうね」と声かけしましょう。

② 3音でアドリブ（即興演奏）する

> ★やりとり
>
> 先 次は音を3つに増やしてみます。「ソ」「ラ」ときたので…。
> 子 次は「シ」だ〜！
> 先 そうだね！今回は「ソ」「ラ」「シ」の3音で挑戦してみよう。
> 　　使う音が3つになるので、「この音からこの音にいこうかな〜」という音の流れを考えながらアドリブできるといいね。

（吹き出し：下から上がろう／上がって下がろう／シからソにおりよう／ラからはじめて細かく）

ポイント　「リズム」と「使う音」の両方を考えながらアドリブをしていくことはとても難しいことです。技能的に「変な音」になってしまっても、「こんな音が出したい！」「この音を使いたい！」という考えやアイデアを大切にしてください。

③ コール＆レスポンスをしながら1人ずつアドリブをする

- 友達のまねをする時に、使う音が増えてくると何の音を使っているのかがわからなくなるよね。
- 先生が最初の音だけは伝えるので、その音を頼りにまねしていってください。

（吹き出し：シ／みんなでまね／ラ／みんなでまね）

ポイント　全員でまねし合うのは、「3〜4音」までが限界です。完全にまねできることも大事ですが、友達の音を聴くことに意識を向けましょう。

まとめ（音楽・学級づくりの視点から）

音 使う音が1つ増えただけで音楽の世界の広がりは変わってきます。「自分がどんな表現をしたいのか」と考えることやそれに対してアイデアを出す作業を大切にしてください。

学 使う音が増えると「技能的に得意な子」が目立つようになりますが、ここでは1音だけでもリズムや音色に気をつけて演奏している子をたくさんほめてあげましょう。

活動17

楽譜がなくても大丈夫！
4音のアドリブで旋律の終わり方を感じ取る

次は「ド」の音を加えていきます。「ド」の音はハ長調では終わりの音になることが多いですね。ここではアドリブを通して旋律の終わりを感じ取れるようにしていきます。

ねらい　4音を使って即興的に表現する。
「ド」を使った即興演奏で、旋律のまとまりや終わり方を理解する。

対象学年…中・高　　形態…一斉　　所要時間…15〜20分
用意するもの…【子ども】リコーダー（鍵盤ハーモニカでも可）
　　　　　　　【先生】ウッドブロックや木魚、バスウッドドラムなど
つながり…器楽、音楽づくり　　隊形…円になって

活動の流れ

① 4音でアドリブ（即興演奏）する

★やりとり

先　「ソ」「ラ」「シ」に「ド」の音を追加します。

先　1人1小節ずつなので、全ての音をその1小節で使うのは大変だよね。
全ての音を使うためにはどうしたらいいかな？

子　リズムを細かくして、たくさんの音が入るようにします。

先　そうだね。それもいいね。
でも無理に全て使わなくてもいいからね。もちろん1音だけも大歓迎です。

先　今回は、自分がどんなアドリブをしたのか後で確認するので、よ〜く覚えておきましょう。

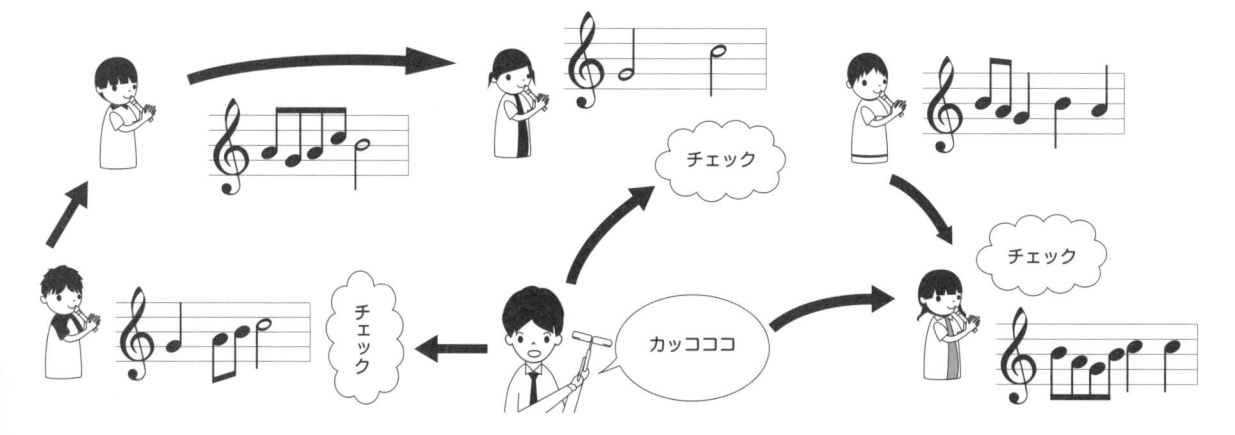

ポイント　この段階では最後に「ド」を使うと終わった感じがするとは伝えません。そのかわり、アドリブの中で「ド」を使って終わっている子がいたらチェックしておきましょう。②の活動で取り上げて、子どもたちの表現を生かせるようにします。

②「ド」で終わった子を取り上げて、「終わる感じ」を共有する

★やりとり

～「ド」で終わった子をチェックしておいて、その子を取り上げる～

先 ここにいる3人には共通点があります。わかるかな？

子 ん〜、何だろう。使っている音かな〜。リズムかな〜。

先 3人にもう一度演奏してもらいます。共通点はどこなのか、よく聴いて探してみましょう。

Aさん　Bさん　Cさん

「終わりの音がドだった！」→「まとまった感じ」「区切りがいいな〜」

★やりとり

子 先生！わかったよ。3人とも終わりの音が「ド」だった。

先 よく終わりの音まで聴いていたね。その通り。この3人の終わりの音は「ド」なんです。

先 終わりの音が「ド」だとどんな感じがするかな？自分が感じたままに言っていいですよ。

子 まとまった感じがする。　　子 終わり！って感じがするな〜。

子 区切りがいい感じがする。

先 みんなよく感じ取っているね。ハ長調の曲では、旋律の終わりは「ド」で終わることが多いんです。みんなが歌った『春の小川』や『ふじ山』の楽譜を見てみるとわかりますよ。旋律の終わりの音は「ド」になっているでしょう。

先 それではアドリブの最後の音は全員「ド」を使うという条件で、もう一度やってみましょう。

ポイント　「ド」で終わることが絶対ではありませんが、ハ長調の曲の終わり方は、「ド」の音で終わることが多いということは共有しておきましょう。旋律づくりの活動に役立ちます。

まとめ（音楽・学級づくりの視点から）

音 「ソ」からアドリブを始めたのは、「ド」が出てきた時に終わった感じを子どもに感じ取らせたいからです。言葉だけでなく音で感じ取って理解することも大切です。

学 技能的に難しい子には、全て「ド」を使ってもいいとアドバイスしてあげてもよいでしょう。

活動18 2小節の旋律づくり（活動17の発展 2人組での活動）

「ド」で終わり方を感じ取った後は、2人組になって「簡単な旋律づくり」に挑戦してみましょう。

ねらい
音の流れやリズムなどを相談して2小節の旋律をつくる。

対象学年…中・高　　形態…一斉　　所要時間…15分×2
用意するもの…リコーダー（鍵盤ハーモニカでも可）
つながり…器楽、音楽づくり

活動の流れ

① 2人組になりAさんとBさんを決める

② 使う音や小節数などの条件を確認する

【条件】
使う音…ソラシド（レ）※Bさんの終わりの音は「ド」　※「レ」を追加しても面白い
小節数…Aさん2小節　Bさん2小節　合計4小節
拍　子…4／4拍子　速　度…♩＝90〜100くらい

＊人数が半端なときは、3人組も可能です。

③ 2人でアドリブをくり返しながら旋律をつくりあげていく

- リズムはどうする？
- 休符をたくさんつかおうよ
- 音は下から上がっていくようにしようよ！

④ 出来上がった旋律を発表する

- ぼくたちは単純に
- 音を上がって下がって上がるように
- カッコココ
- 2人で同じリズム

ポイント　旋律づくりの活動は、いきなり1人でたくさんの小節をつくることが難しいです。ここでは、アドリブの活動を生かして旋律づくりを行います。また2人で活動することで対話しながらつくりあげていくことができます。

活動19 4小節の旋律づくり（活動17、18の発展 4人組での活動）

ここでは、4人で「簡単な旋律」をつくります。旋律がまとまりやすいような仕掛け（1人ひとりの使う音を変えている）がしてあります。

ねらい 音の流れやリズムなどを相談して4小節の旋律をつくる。

対象学年…高　　形態…一斉　所要時間…20〜30分×2
用意するもの…リコーダー（鍵盤ハーモニカでも可）
つながり…器楽、音楽づくり

活動の流れ

① 4人組になりA〜Dさんを決める

② 使う音や小節数などの条件を確認する

【条件】
使う音…Aさん→ドレミソ（低）　Bさん→ファソラド　Cさん→ソラシレ　Dさん→ドレミソ（高）
小節数…1人1小節の合計4小節　拍　子…4／4拍子　速　度…♩＝90〜100くらい

③ 4人でアドリブをくり返しながら旋律をつくりあげていく

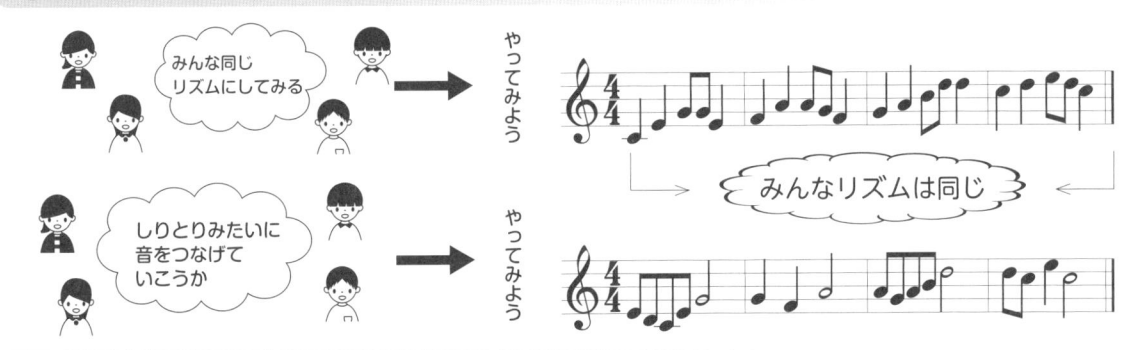

みんな同じリズムにしてみる　→　やってみよう

みんなリズムは同じ

しりとりみたいに音をつなげていこうか　→　やってみよう

④ 出来上がった旋律を発表する

Aさん　Bさん　Cさん　Dさん

聴いている人は、自分と同じパートの人の音をよく聴くようにね

ポイント　音楽的に「簡単な旋律」が完成していることは重要ですが、ここでは4人で「簡単な旋律」をつくりあげていく過程を大事にしていきましょう。4人で「どんな音の流れにするのか」、「リズムを統一させるのか」などを対話しながらつくりあげていけるといいでしょう。

活動20

楽譜がなくても大丈夫！
アドリブでまねっこ合戦【パート1】

アドリブに慣れてきたら、友達とまねっこ合戦へ。友達と楽しく活動できるだけではなく、知らないうちにリコーダーの技能も向上していきます。

ねらい 即興的に表現したり、友達とまねし合ったりする。

対象学年…中・高　　形態…一斉　　所要時間…15〜20分
用意するもの…【子ども】リコーダー（鍵盤ハーモニカでも可）
　　　　　　　【先生】ウッドブロックや木魚、バスウッドドラムなど
つながり…器楽、音楽づくり　　隊形…席に座って、1人ひとりが広がって

活動の流れ

① 2人組になり役割や使う音を決める

Aさん：使う音はソ・ラ・シでもいいかな〜？
Bさん：いいよ！ソ・ラ・シでやろう

ポイント リコーダーが苦手な子と一緒に組むときは、使う音を少なくしたり、苦手な子をAさんにしたりするなどの配慮が子どもたち同士でできればいいですね。

② 1〜2小節ずつのアドリブをまねし合う

・まずはAさんのアドリブをBさんがまねします。
　Aさんの吹いている音がわかりにくい人もいますよね。
　その時は、しっかりとAさんの指を見てくださいね。お互いの指が見やすいように、向かい合って活動するといいでしょう。
・ではAさんから発信していきますよ。

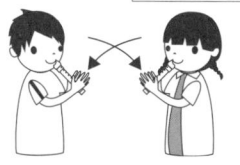

（向かい合って、指をよくみて）

Aさん発信　Bさんまね　Aさん発信　Bさんまね

③ 交代の合図は休み（無音）をうまく使って行う

AさんとBさんの発信を変える時は、休みをうまく使ってくださいね。
Aさんが発信しなくなったら（無音になったら）、Bさんが発信していきましょう。

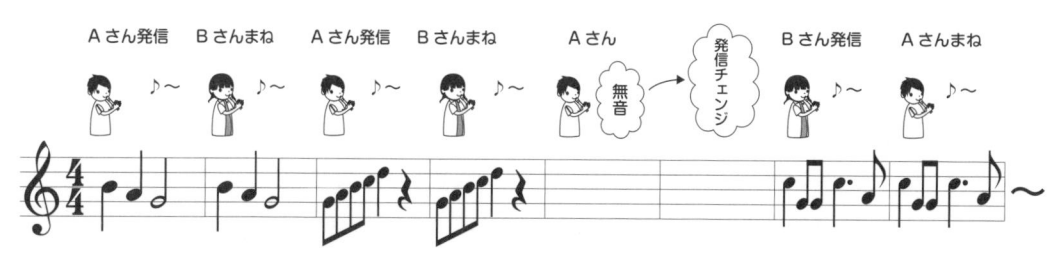

Aさん発信　Bさんまね　Aさん発信　Bさんまね　Aさん 無音 → 発信チェンジ　Bさん発信　Aさんまね

④ クラス全員でまねっこ合戦をする（広いスペースで1人ひとりが広がって）

～ルール～
1. 最初の相手を見つける
2. AさんBさんの役割や使う音を決める
3. 先生がまねし合う小節数を伝える
4. スタート

（Aさんが無音になったらBさんが発信することも伝えておく）

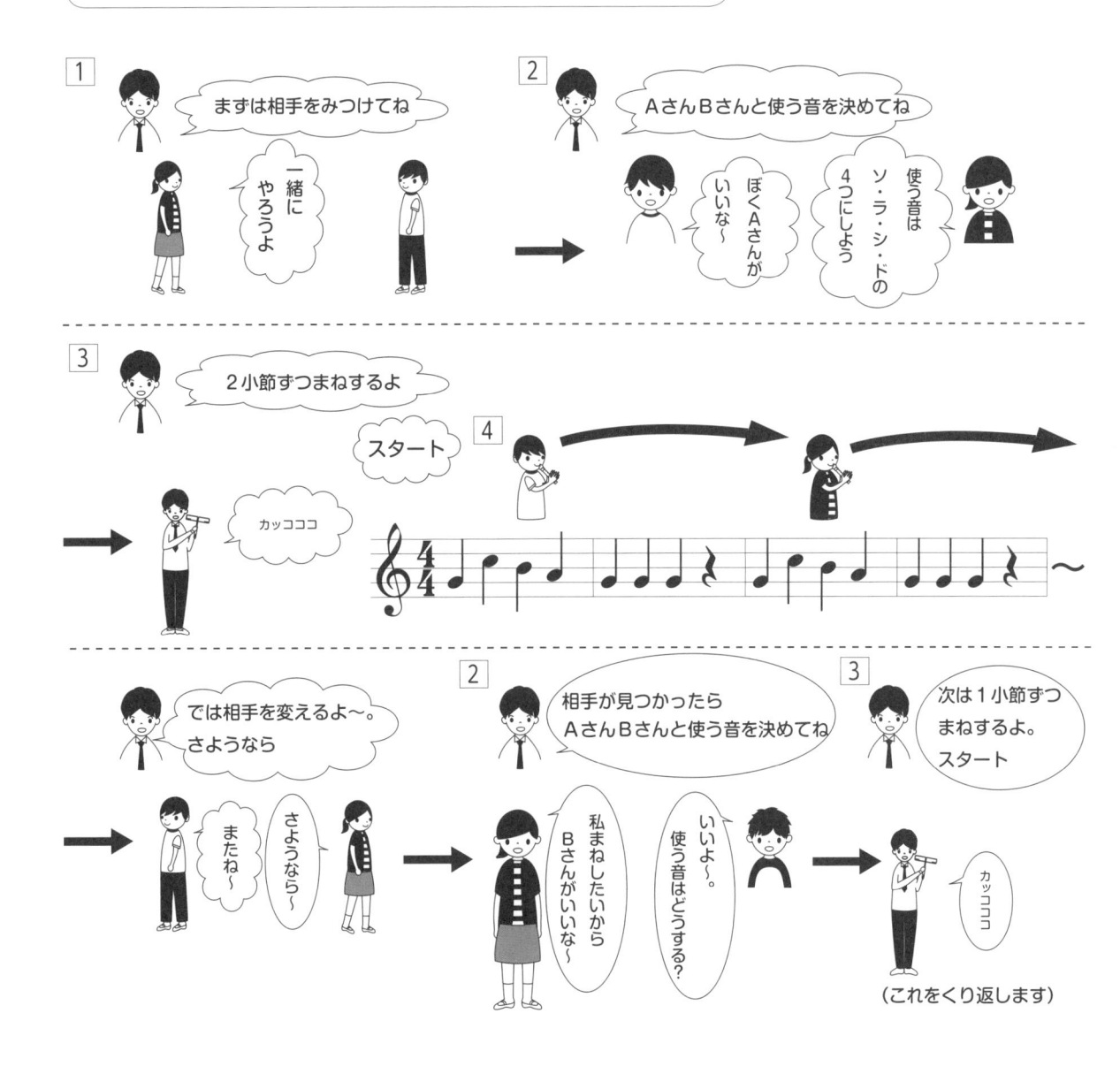

1. まずは相手をみつけてね
   「一緒にやろうよ」

2. AさんBさんと使う音を決めてね
   「ぼくAさんがいいな～」
   「使う音はソ・ラ・シ・ドの4つにしよう」

3. 2小節ずつまねするよ
   「カッココココ」

4. スタート

では相手を変えるよ～。さようなら
「またね～」「さようなら～」

2. 相手が見つかったらAさんBさんと使う音を決めてね
   「私まねしたいからBさんがいいな～」
   「いいよ～。使う音はどうする？」

3. 次は1小節ずつまねするよ。スタート
   「カッココココ」

（これをくり返します）

まとめ（音楽づくりの視点から）

[音] 子どものアドリブ表現には、考えや思い（使う音やリズム等）が詰まっています。まねし合うことでリコーダーの技能が向上するだけでなく、新たな表現を獲得することにもつながります。既存の曲ではなかなかできない表現も、アドリブでは実現するかもしれません。

活動 21 名前で音楽をつくろう（活動10〜12の発展）

自分の名前も音楽的な要素や仕組みを使えば、簡単に1つの音楽になります。また4人でつくることでお互いを理解することにもつながります。

ねらい 自分の名前を使い、リズムや音色、仕組みなどを考えながら、4人で「簡単な音楽」をつくる。

対象学年…4〜6年　　形態…4人1組　所要時間…20分×4
用意するもの…ワークシート（P86〜87）
隊形…4人で円になって

活動の流れ

① つくりあげる音楽の構成を把握する

Step 1	Step 2	Step 3	Step 4
1人ずつテーマをつなげる	コール＆レスポンス	1人ずつ重ねていく	1人ずつテーマをつなげ終わり方も表現する
	（あだ名・得意なこと）		
テーマは2回くり返す（4×2＝8小節）	4×1の4小節か4×2の8小節	約20〜30秒	テーマは2回以上（8小節）くり返すとよい

ポイント 音楽をつくりあげていくときに、子どもたちが構成を考える場合もありますが、ここでは先に構成を示しています。これは、時間短縮や見通しを持って活動することができるようにするためです。

② 4人の並び方を考えて、簡単なテーマをつくる

> 4人の並び方を決めてください。
> そして、1人1小節ずつをつなげた簡単なテーマをつくりましょう。
> テーマは何度演奏しても変わらないものにしてくださいね。

（A・B・C・D：男女 男女のならびにしてみようか〜）

ひらのじろう　かわづ　けいこ　たむらなおや　まつもとみどり

ポイント 4人でテーマをつくりあげていくので、そのテーマがリズム中心のテーマなのか、音の高さ中心のテーマなのかを統一しておくと活動がスムーズに流れます。声で音の高さを表現することは少し難しいので、リズム中心の活動から始めることをおすすめします。

③ コール＆レスポンスをつくる（あだ名や得意なことを入れながら…）

> コール＆レスポンスのところは、例えばAさんが名前を言ったら、周りにいるB〜DさんはAさんのあだ名や得意なことなどを言って応えていきます。
> もちろんその人が嫌がるようなことは言わないようにね。

A　（B・C・Dさんで応える）
ひ　らのじろう　／　てつどうくわしい

B　（A・C・Dさんで応える）
かわづ　けいこ　／　さくぶんじょうず

C　（A・B・Dさんで応える）
た　むらなおや　／　ピアノがうまい

D　（A・B・Cさんで応える）
まつもとみどり　／　はしるのはやい

ポイント　コール＆レスポンスのコールの部分は、この前につくったテーマと同じにすると時間が短縮されます。小節数はコールが1小節、レスポンスも1小節にするといいでしょう。

④ 1人ずつ名前を重ねていく

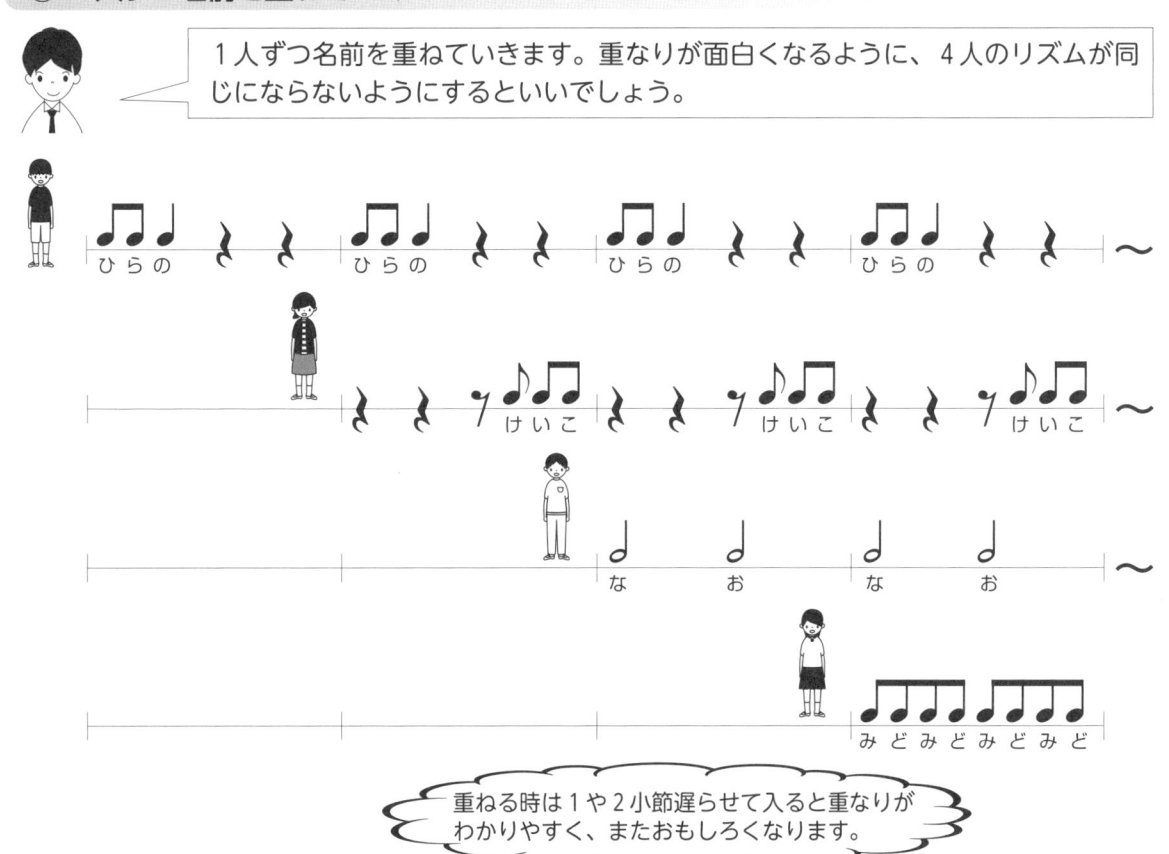

> 1人ずつ名前を重ねていきます。重なりが面白くなるように、4人のリズムが同じにならないようにするといいでしょう。

ひらの　｜　ひらの　｜　ひらの　｜　ひらの　〜

けいこ　｜　けいこ　｜　けいこ　〜

なお　なお　〜

みどみどみどみど　〜

> 重ねる時は1や2小節遅らせて入ると重なりがわかりやすく、またおもしろくなります。

ポイント　重ねていくときは、全員が名前ではなく、あだ名を使って表現してもいいでしょう。

⑤ テーマを使って曲の終わり方を考える

★やりとり

先 曲の最後は、テーマを使って終わり方を考えます。
　　最初のテーマと同じでいいんだけど、曲はいつか終わりにしないといけないよね。
先 どのように表現したら「音楽が終わった！」と思うようになるかな？
子 全員でビシッとそろえて終わる。
子 速度をだんだん速くしてみてはどうかな？
子 強弱を考えて、少しずつ弱くしてみてはどうかな？
子 最後に全員で何か同じことを言って、終わりを表現するのはどうかな？
先 そうだね。音楽を聴いている人が、「終わった！」と感じ取れるように、音楽で表現してくださいね。

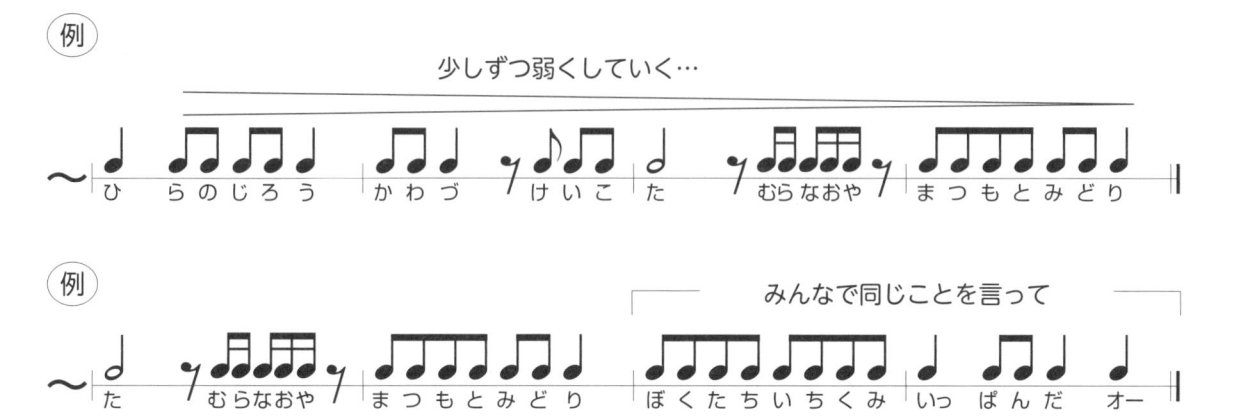

（例）　少しずつ弱くしていく…
ひらのじろう／かわづ／けいこ／た／むらなおや／まつもとみどり

（例）　　　　　　　　　　　　　　みんなで同じことを言って
た／むらなおや／まつもとみどり／ぼくたちいちくみ／いっぱんだオー

⑥ 全曲を通して練習して、発表会を開いてお互いの作品を聴き合う

ポイント 子どもの発言や考えは、これまでの音楽経験によって差が出ます。子どもたちから曲の終わり方についての意見が出ないときは、先生がいくつか提示してあげるといいでしょう。

まとめ（音楽・学級づくりの視点から）

音 音楽をつくりあげていく活動は、これまでにどのような音楽経験をしたかが重要になります。活動10〜12の発展的内容になっていますので、即興的な表現を楽しんだ後にこの活動を展開していくことをおすすめします。

学 友達にあだ名や得意なことを呼んでもらう場面があります。音楽を通して、お互いを理解していくことにもつながります。子どもたち同士では意外と知らなかったことが見つかるかもしれません。

活動 22 まねだけで音楽をつくろう（活動14～17の発展）

まねだけで？と思っているかもしれませんが、まねも音楽が成り立つ1つの仕組みです。また、まねをすることでお互いを理解することにもつながることでしょう。

ねらい リズムや使う音、音色などを考えて、友達とまねをしながら音楽をつくりあげる。

対象学年… 4～6年　　形態… 4人1組　　所要時間…20分×5
用意するもの…リコーダー（鍵盤ハーモニカでも可）、ワークシート（P88～89）
隊形… 2人で向かい合って

活動の流れ

① 子どもとのやりとりで音楽でのまねを整理する

★やりとり

先 これからリコーダーを使ってまねだけで音楽をつくっていきます。
　 音楽でのまねってどんなことがまねできるかな？
子 リズムをまねする。　　子 使う音をまねする。
子 強弱もまねできるよ。　子 タンギングなどの奏法もまねできるね。
先 そうだね。みんなが言う通りだね。
　 音楽でのまねを少し整理してみましょう。

1. リズムだけをまねする（音はちがう） 
2. 使う音だけをまねする（リズムはちがう） 
3. リズムと使う音をまねする 
4. 強弱をまねする 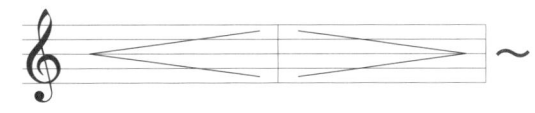
5. タンギングなどの奏法をまねする（スタッカートで） 
　（テヌートで）

ポイント 1～5までのイメージがつかめないときは、1つずつ先生と子どもたちでまねをし合って、確認していくといいでしょう。

ポイント ここでは1～5をまねとして取り上げていますが、1～3だけでも楽しく学びある活動になります。4, 5はオプションとして考えてくださってもいいでしょう。

② つくりあげる音楽の構成を把握する

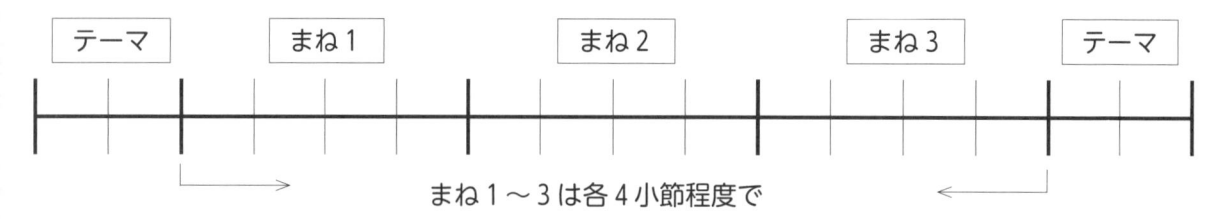

| テーマ | まね1 | まね2 | まね3 | テーマ |

まね1〜3は各4小節程度で

③ つくりあげるときの条件を確認する

【条件】
使う音…A ソ・ラ・シ・ド　B ソ・ラ・シ・ド・レ（ミ）　C 無制限（実態に合わせて）
まねする小節数…1か2小節ずつ　長さ…約30〜45秒
拍　子…4／4拍子　速　度…♩＝100くらい

④ 2人組になり、どんなまねを取り入れるのか話し合う

・まねを5つに整理しましたが、2人で話し合いながら3つ選んでください。選んだら、そのまねの順番も決めておいてくださいね。（リコーダーは苦手だな〜と思っている人がいたら、1〜3を選ぶといいですよ。）
・4 5 はそれだけを扱ってもいいですが、3と組み合わせてもいいです。例えば3と4を組み合わせると「リズムと音と強弱をまねする」になりますね。3と5を組み合わせると「リズムと音とタンギングなどの奏法をまねする」になります。

ぼくたちは2・1・3の順でまねしようよ

3と4を組み合わせてみない？

⑤ 使う音やまねする小節数、どちらが発信するのかなどを決める

例1：
A発信　｜まね1 2｜B発信　｜まね2 1｜A発信　｜まね3 3・4｜
A B A B ｜ B A B A ｜ A B A B

例2：
B発信　｜まね1 1｜B発信　｜まね2 2｜A発信　｜まね3 3・5｜
B A B A ｜ B A B A ｜ A B A B

ポイント　リコーダーを苦手としている子には、使う音やまねする小節の数は少なくするように声かけするといいでしょう。

⑥ まねの部分だけを対話しながらつくりあげる

> いよいよ、まねの部分をつくっていきます。まねの種類だけ決めて、あとはアドリブで演奏するという人は、何度もアドリブをくり返し練習しましょう。アドリブだと不安と感じている人は、何度も練習しながら、「これ！」というものを決めて、ノートなどに書き記しておきましょう。

アドリブで

今のは、リズムもバッチリだったね

決めながら

今のよかったね。忘れないように書いておこう

ポイント ノートなどに書き記すときは、5線譜に音符を書くことも考えられますが、リズムと高さがわかるようにカタカナで書いていくことをおすすめします。

ポイント アドリブの活動に慣れている子どもたちならば、まねの種類だけ決めて、あとはくり返し練習することをおすすめします。しかし不安な場合は試行錯誤しながら「これ！」と決めたものを書き記しておいたほうがいいでしょう。

> まねの部分が完成した人は、「簡単なテーマ」を2小節つくります。使う音やリズムなどは2人で相談してくださいね。「難しいな〜」と感じている人は、もちろん1音だけでもいいからね。このテーマは何度演奏しても変わらないものにしてくださいね。

音が上がって下がるようにしてみたよ

使っている音は少ないけどリズムを考えたよ

ポイント テーマは2小節の簡単なものです。2人で話し合って決めた使う音でアドリブをくり返しながら「これ！」というものに決めます。

⑦ 全体を通して練習する

> テーマとまねが完成した人は、全曲を通して練習します。「テーマ」と「まね1」や「まね1」と「まね2」などの間は1,2小節空けてもいいですね。

| テーマ | 間 | まね1 ②(使う音だけ) | 間 | まね2 ①(リズムだけ) |

AさんBさん一緒に／Aさん　Bさん　Aさん　Bさん／Bさん　Aさん　～

←―― 間は1・2小節空けてもいいです ――→

⑧ 完成した作品を発表する。また、「つくりあげる時に考えたこと」「作品のおすすめポイント」「友達の作品を聴いてまねしたいな！と思ったこと」を書き残しておく

| テーマ | 間 | まね1 ①(リズムだけ) | 間 | まね2 |

AさんBさん一緒に／Bさん　Aさん　Bさん　Aさん／Aさん　Bさん

| ②(使う音だけ) | 間 | まね3 ③⑤(リズムと音と奏法) | 間 | テーマ |

まとめ（音楽・学級づくりの視点から）

音 まねだけでも立派な音楽になります。そのためには、構成やまねの種類、条件などを具体的に提示してあげましょう。リコーダーを苦手としている子どもたちも楽しく参加できるような配慮（使う音を減らすなど）も忘れずにしましょう。

学 まねをするということは、お互いの音をよく聴いていなければなりません。またリコーダーの音を確認するためには、指も見る必要があります。音楽を通して2人がつながっていく活動になるはずです。

活動23 旋律をつくって、つなげて、重ねよう

活動14～19の活動を楽しんだ後ならば、旋律づくりの活動も簡単にできちゃいます。

ねらい リズムや使う音などを考えて、1人1小節の旋律をつくる。また、それをつなげたり重ねたりする活動を楽しむ。

対象学年…4～6年　形態…4人1組　所要時間…20分×5
用意するもの…リコーダー（鍵盤ハーモニカでも可）、ワークシート（P90～91）
隊形…4人で向かい合ったり、円になったり

活動の流れ

① どんな条件でつくりあげていくのかを把握する

【条件】
● 拍子…4／4拍子　● 速度…♩＝100くらい　リズム…考える
● 使う音…ドレミファソラシドレミ（学年や実態によって調整する）
● はじめの音（それぞれの4つの音の中から選ぶ）

　　　Ａ ド・ミ・ソ・ド　　Ｂ ド・ミ・ソ・シ　　Ｃ レ・ファ・ラ・ド　　Ｄ ド・ミ・ソ・ド

ポイント ここでは、和音の進行や音のつながりを考えて、はじめの音を指定しています。何もない状態からつくりあげるよりも、はじめの音があることでスムーズに活動ができるようになります。

② 曲全体の構成を把握する

| 1人ずつ旋律をつなげる | 4人全員で旋律を演奏する | 1人ずつ A～D の旋律をくり返して、重ねる | ドで終わり方を考える |

③ 4人1組になり、Aさん～Dさんまでの順番を決める

④ 4人で音の流れやリズムなどを話し合いながら、1人1小節ずつの旋律をつくる

> 1人1小節ずつ旋律をつくりますが、最終的には4人でつなげます。1人ずつの旋律がバラバラになるのではなく、リズムや使う音、音の流れなどを話し合いながらつくりあげていきましょう。例えば、音が上がって下がるようにしてもいいですね。全員でリズムを統一してもいいでしょう。また、細かいリズムや大きなリズムの両方を使うでもいいですね。Aさんの音の流れやリズムを生かしてB～Dさんがつくりあげていくでもいいですね。

～音が上がって下がるように…～

Aさん　Bさん　Cさん　Dさん

⑤ つくった旋律を4人でつなげる（また4人全員が4小節演奏できるようにする）

1人ずつつくった旋律を4人でつなげます。小節の間があかないように、また全体の速度が一定になるように気をつけましょう。

～4人で同じ速さになるように～

Aさん　Bさん　Cさん　Dさん

⑥ 重ねる部分のつくり方を把握する

重ねる部分は、1人ひとりがつくった A ～ D までの旋律を何度かくり返しながら演奏します。例をあげてみますね。

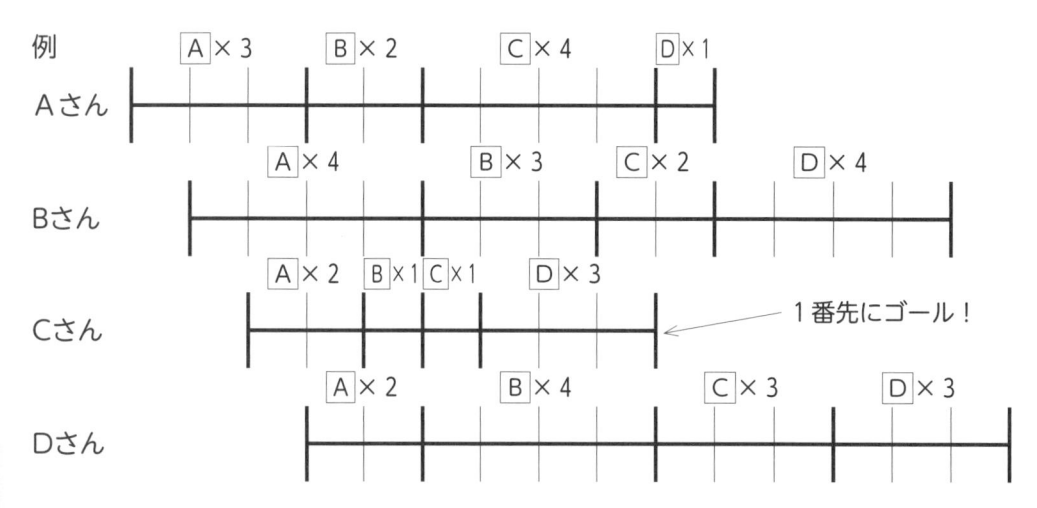

例

Aさん： A×3　B×2　C×4　D×1

Bさん： A×4　B×3　C×2　D×4

Cさん： A×2　B×1　C×1　D×3　← 1番先にゴール！

Dさん： A×2　B×4　C×3　D×3

1人ひとりが遅れて入ってくれば、自然と音の重なりができますね。ここでのCさんは3番目に入ってきたのにも関わらず、1番先にゴールしていますよね。1つの小節を最大4回までくり返せます。そうすると4×4の16小節が最も長い演奏になりますね。

⑦ 重ねる部分をくり返し練習する

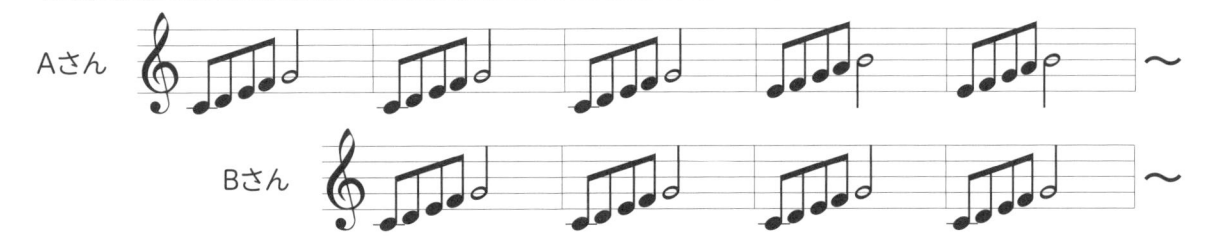

Aさん
Bさん

ポイント 重ねる部分では、縦の流れが合っていないと旋律が重なりません。1人ひとりの速度を合わせながらくり返し練習しましょう。またくり返し練習することで、1人ひとりがつくった旋律を親しむことにもつながり一石二鳥です。

⑧ 曲の終わり方を考える

> 曲の終わり方を考えます。重ねる部分で先にゴールした人は、高いドの音を吹きながら待っています。いつかは全員がそろって、ドの音を演奏していますよね。そこで、リズムや速度などを4人で考え、「曲が終わった！」ことが聴いている人に分かるように音で伝えてくださいね。

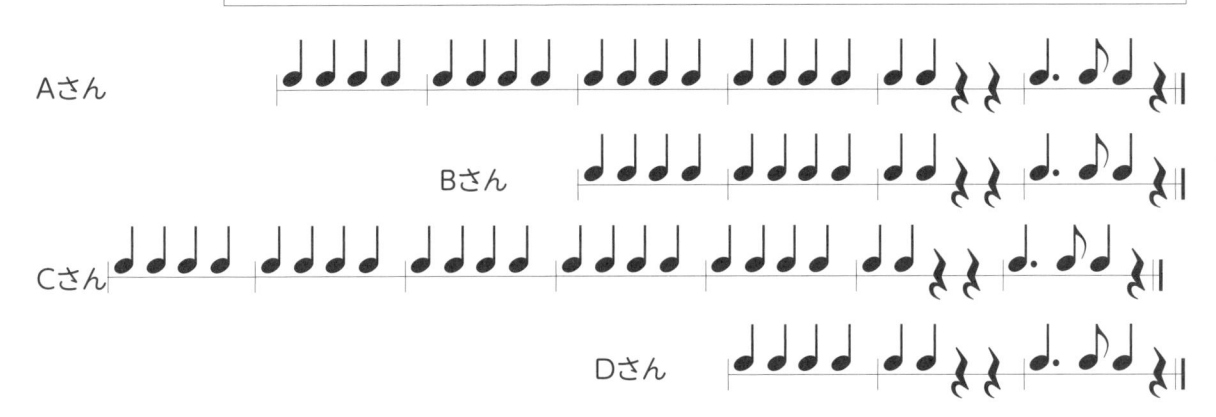

Aさん
Bさん
Cさん
Dさん

⑨ 全曲を通して発表し、お互いの作品を聴き合う

Aさん　Bさん　Cさん　Dさん　〔4人全員で4小節〕

〔重ねる〕　〔ドで終わり方を考える〕

まとめ（音楽・学級づくりの視点から）

音 旋律づくりは難しいと言われていますが、この活動のように1人1小節をつくることから始めるといいでしょう。4人で対話しながらつくりあげていく過程では、友達の考えやアイデアを吸収することができます。それらを生かして、最終的には1人で4～8小節などのまとまった旋律がつくれるようにしましょう。

学 この活動の裏の目的は、自分の旋律を友達に伝えることです。1人ずつつなげる場面では、先生が言わなくても自然と教え合うようになるはずです。どう人に伝えているのか、先生はよく観察しておきましょう。

活動24 『聖者の行進』2パートづくり

3年生の器楽で取り組まれることが多い『聖者の行進』。コール&レスポンスの形式を使うと2人組でもう1つの旋律をつくる活動を展開することができます。

ねらい リズムや使う音を考えて、『聖者の行進』の2パートをつくる。

対象学年…中　形態…2人1組　所要時間…20分×3
用意するもの…リコーダー（鍵盤ハーモニカでも可）、ワークシート（P92〜93）
隊形…2人で向かい合って

活動の流れ

① 『聖者の行進』を全員が演奏できるように練習する

② 『聖者の行進』の旋律に対して応えたいところを考える（コール&レスポンス）

> 先生が『聖者の行進』のはじめの旋律を演奏します。聴いているみんなは、先生の旋律に「応えたいな〜」と思ったところで手拍子をしてください。

> ＊子どもたちはこの部分で手拍子をするはずです。全員が応えている部分がわかるまで何度かくり返しましょう。

今度は『聖者の行進』を全曲通して演奏しますね。はじめのところと同じように、先生の旋律に「応えたいな〜」と思ったところで手拍子してください。

③『聖者の行進』の応える部分を整理して、全体で共有する

ソ シ ド レ　　　　①　　　ソ シ ド レ　　②
ソ シ ド レ シ ソ シ ラ　　　③
シ シ ラ　④ ソ　ソ シ レ　レ ド
ー シ ド レ シ ソ ラ ソ　⑤

④ 使う音の条件を確認する。『聖者の行進』の2パートづくりを行う

応える部分を2パートとします。この2パートをつくる時の使う音の条件を確認しておきましょう。使う音は決まっているので、リズムは自分で考えるようにします。

①使う音…ソラシドレ　　②使う音…ソラシドレ

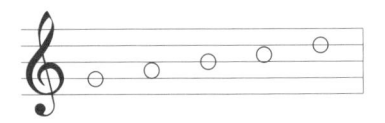

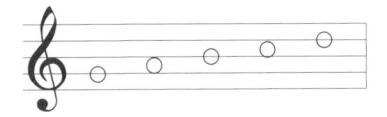

③使う音…ラシドレ 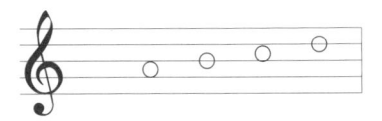　　④使う音…ソ 　　⑤使う音…ソラシドレ

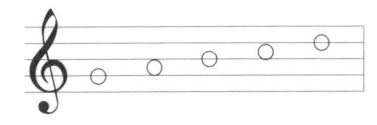

ポイント　2パートの使う音は上に示してありますが、究極は「ソ」の1音だけでもつくることができます。子どもたちの実態に合わせて提示してあげてください。

⑤ 『聖者の行進』の2パートづくりを行う

2人組になって活動するので、1人（Bさん）の2パートづくりが終わったら、もう1人（Aさん）が2パートづくりを行うようにしましょう。2人で何度も試しながら、くり返し練習しましょう。

⑥ 2パートづくりの発表をする

まとめ（音楽づくりの視点から）

音 既存の曲の旋律をアレンジしたり、ある旋律に付け加えたり応えたりする活動は、旋律づくりの第一歩です。友達と何度もくり返しながら2パートづくりを行うことは、主旋律の精度を上げることにもつながります。つくりあげていく過程では、アドリブをくり返して試行錯誤をしますが、最終的にはワークシートやノートなどに使う音を書き残しておくことをおすすめします。

活動25 役割を決めた音楽づくり

学級の中にも様々な役割がありますが、音楽も一緒です。1人ひとりの役割を明確にして、友達と対話しながら音楽をつくっていきましょう。活動15や20の後に行うことをおすすめします。

ねらい 音楽的な約束事を決めて、友達と関わり合いながら「簡単な音楽」をつくる。

対象学年…4～6年　　形態…4人1組　　所要時間…20分×4
用意するもの…リコーダー（鍵盤ハーモニカでも可）、ワークシート（P94～95）
隊形…4人で円になったり、4人で向かい合ったり

活動の流れ

① 4人1組での役割と使う音などの条件を確認する

・今回の音楽づくりは、1人ひとりの役割を分担してつくりあげていきます。役割は分担されていますが、4人全員でつくりあげていきますよ。
・1人ひとりがどんな役割をするのか確認しましょう。

	役割	使う音
Aさん	同じリズムのくり返し＋テンポキープ（ベース）	低いド
Bさん	まねっこや問答（対話）	ソラシドレミを基本にBさんCさんで相談して決める
Cさん	まねっこや問答（対話）	ソラシドレミを基本にBさんCさんで相談して決める
Dさん	間に音を入れて飾りをつける（合いの手）＋終わりのリズムと旋律	高いド（高いシドレでも可）

・Aさんは活動15のアドリブと同じですね。低いドの音で同じリズムパターンをくり返します。
・BさんCさんは活動20と同じですね。2人で使う音やまねする小節数を決めましょう。まねっこは全く同じように、問答は問いかけに対して、答える時は、まねではなく、全く違う旋律でいいですね。
・DさんはBさんCさんのやりとりで、間があいたところや「ここに入れたいな！」と思ったところに合いの手を入れてください。

② つくりあげる曲の構成や条件を把握する

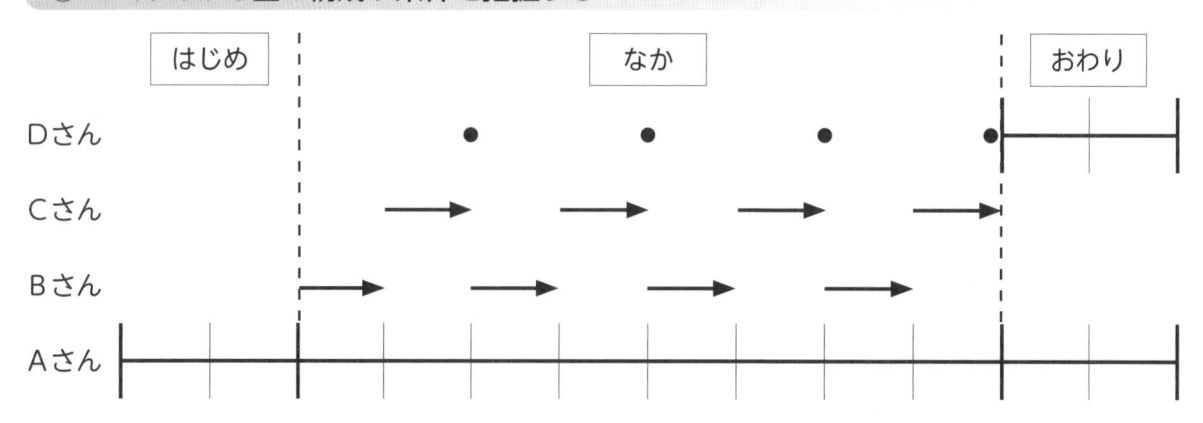

| | はじめ | なか | おわり |

Dさん ● ● ● ●
Cさん → → → →
Bさん → → → →
Aさん

【条件】
- ●拍子…4／4拍子　●速度…♩＝100くらい　●長さ…45〜60秒程度

③ 条件を頼りに、1人ずつの役割ごとに音楽をつくりあげる

- Aさんは低いドの音を使って、自分がどんなリズムパターンをくり返すのか考えてください。
- BさんCさんは2人で決めた音や小節数をもとに、何度もくり返し練習しましょう。全てアドリブでもいいですし、「これ！」と思った表現は書き残しておいてもいいですよ。
- Dさんは使う音やリズムを考えて合いの手をつくりましょう。途中でBさんとCさんと一緒に練習して試してみてもいいですね。また終わりの旋律も考えましょう。高いドの音を基準に、シヤレの音を上手に使ってください。

Aさん

Aさん

Bさん　Cさん　Bさん

（まね）　　　　　　　（問　答）

Dさん

ポイント　即興演奏に慣れている子どもたちであれば、この活動も全て即興で行っても構いませんが、最初はある程度パターンを決めておいた方がいいでしょう。

④ 4人で「はじめ」「なか」の部分を合わせる

- それぞれの役割で形になってきたら、4人で「はじめ」「なか」の部分を合わせてみましょう。Aさんの最初の2小節でその曲の全体の速度が決まります。Aさんは特に速度に気をつけて演奏しましょう。
- BさんCさんは曲が長くなり過ぎていないか確認しながら演奏しましょう。
- Dさんは合いの手のタイミングが合っているか、BさんCさんのじゃまをし過ぎていないかも確認してくださいね。

（発展編）1人ひとりの役割を目立たせるために考える

- 「なか」の部分は4人が全員で演奏していますね。その「なか」の部分で、1人ひとりの役割を目立たせるためには、どのようなことが考えられるかな？
- グループの中で話し合って、実際に試してみましょう。

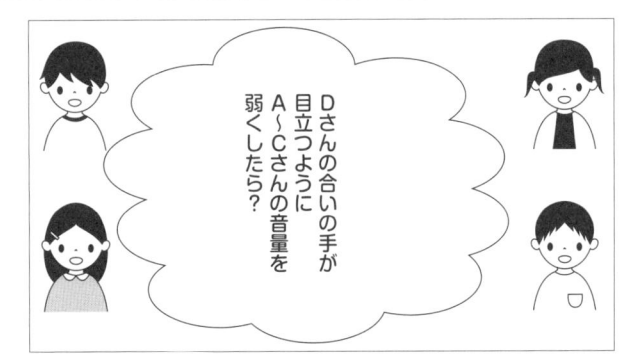

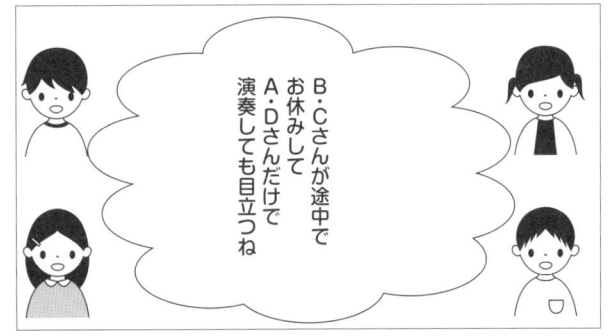

BさんCさんが目立つようにAさんが途中でお休みしたら？

Dさんの合いの手が目立つようにA〜Cさんの音量を弱くしたら？

A〜Cさんは途中で抜けてDさんのソロを入れたらどうかな

B・Cさんが途中でお休みしてA・Dさんだけで演奏しても目立つね

＊ここは発展学習です。「1人ひとりを目立たせるためには？」という発問が、子どもをゆさぶり、思考を活性化させます。子どもたちは、先生が予想もつかない考えやアイデアを出してくることも。

⑤ 全曲を通して練習して、発表する

[Dさん / B,Cさん / Aさん の楽譜、「はじめ」「なか」のセクション]

[Dさん / B,Cさん / Aさん の楽譜、「なか」「おわり」のセクション]

✂ アレンジ例

① 役割を交替することも考えられますが、自分の役割は変えずに、別のグループの友達と関われる場面があると面白いでしょう。例えばAさんは他のグループからBさんCさんDさんを見つけて4人組になるなど。

② リコーダーだけでなく、鍵盤ハーモニカや木琴、マリンバなどの鍵盤楽器でも活動することができます。学年や楽器の状況によって試してみてください。

まとめ（音楽づくりの視点から）

[音] 音楽づくりでは、子どもたちに工夫（思考）を求めるばかり、「何でもありの自由」な活動になってしまうことも考えられます。しかし、子どもたちがゼロの状態から音楽をつくりあげていくことはとても難しいです。この活動のように、1人ひとりの役割や音楽的な約束事を明確にして、活動を進めることも大切です。使う音や曲の長さを見直せば、低学年（鍵盤ハーモニカ）でも実践可能な内容です。

活動 26　リズムを重ねて音楽づくり

子どもたちは打楽器が大好きです。普段は合奏などで活躍する打楽器。楽器の音色や材質の違いに着目して、音楽的な約束事を決めると素敵な音楽が出来上がります。

ねらい　リズムや音色、1人ひとりの役割を考えながら、打楽器だけで「簡単な音楽」をつくる。

対象学年…低・中　　形態…8人1組　　所要時間…20分×5
用意するもの…カスタネット、タンバリン、ウッドブロック、シェーカー、トライアングル、カウベル、アゴーゴー、木魚、クラベス、ビブラスラップなどの小物打楽器、ワークシート(P96〜97)
隊形…全員で円になる、8人で円になったり、8人で向かい合ったり、8人で1列になったり

活動の流れ

① 打楽器で音遊びをする（円になって）

1人1つずつ打楽器を持っていますね。まずは1人1発ずつ音を鳴らしてリレーしていきます。どんな鳴らし方をしてもいいのですが、1つ約束してください。打楽器を壊すことのないように。

（タン → カッ → チーン → カ → コン）

もう一度同じ活動をしますが、今度はさっきとは違う鳴らし方をしてくださいね。たたき方（奏法）を変えてもいいですし、大きさを変えて演奏してもいいですよ。周りで聴いている時は、友達がどんなたたき方をしているのかをよく見ていましょう。

（シャララ〜 → チッ → ス〜（こする））

アレンジ例
様々な打楽器に触れられるように、円になって活動しているときは、隣の友達に打楽器を回して、くり返し音遊びをするといいでしょう。

ポイント　この活動は1人1発ずつリレーしていくので、拍の流れは意識しなくてもいいでしょう。1人ひとりの表現の時間を保証して、打楽器の音色を味わえるようにしましょう。

② 打楽器でリズム遊びをする（円になって）

1人1小節ずつリズムを考えて表現していきます。どんなたたき方をするのか、どんなリズムにするのかをよく考えてくださいね。

※先生は、打楽器などでテンポをキープしてあげます。
4／4拍子で、速度は♩＝100ぐらいがいいでしょう。

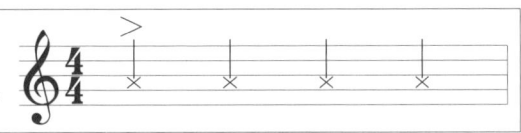

今度は、1人ずつ表現するリズムをみんなでまね（コール＆レスポンス）していきます。1人ひとりの持っている打楽器は違うので、全てをまねすることはできませんが、なるべく同じにしようとしてくださいね。

ひとりで　　　みんなで　　　ひとりで　　　みんなで

ポイント 例えばカスタネットならば細かいリズムを同じ奏法で表現することができますが、トライアングルならば奏法を変えなければなりません。友達の表現をまねることで自分の持っている打楽器の新たな奏法を発見することができるでしょう。

③ 8人ずつリズムを重ねていく（8人で1列になって）

★やりとり

先 前にいる8人でリズムを重ねていきます。1人ずつ順番に打楽器をたたいていきますが、どうしたら面白くリズムが重なっていくかな？

子 前の人となるべく違うリズムにする。

子 同じ打楽器が続かないように並んでおく。

先 そうだね。この2つの視点は大事だね。

Aさん／Bさん／Cさん／Dさん のリズム譜

④ つくりあげる音楽の構成や条件を把握する

・音遊びやリズム遊びで学習したことを生かして、8人で音楽をつくっていきます。
・みんながつくる音楽の構成や条件を確認しておきましょう。

【条件】拍子…4／4　速度…♩＝100を基本に　長さ…60秒程度

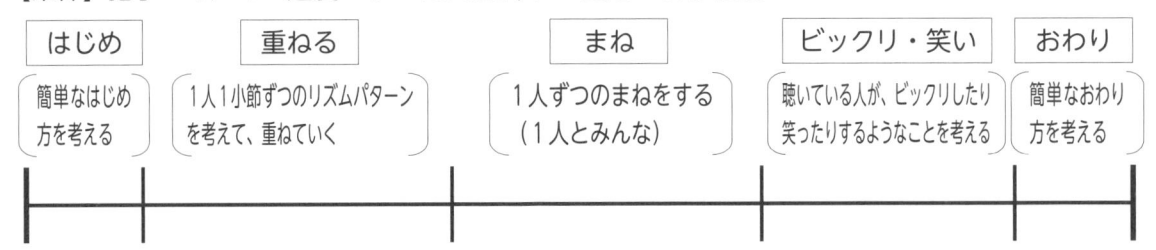

はじめ	重ねる	まね	ビックリ・笑い	おわり
簡単なはじめ方を考える	1人1小節ずつのリズムパターンを考えて、重ねていく	1人ずつのまねをする（1人とみんな）	聴いている人が、ビックリしたり笑ったりするようなことを考える	簡単なおわり方を考える

⑤ 打楽器の分担と並び方を考える

打楽器の並び方を決める時は、打楽器の材質や大きさ、同じ打楽器が重ならないように考えていきましょう。

A…タンバリン　B…カスタネット　C…トライアングル　D…すず、シェーカー
E…クラベス、木魚　F…カウベル、アゴーゴー　G…ウッドブロック
H…カバサ、ビブラスラップ
※並び方例…E→C→B→G→A→D→F→H

ポイント　打楽器を分担するときに必ずトラブル「この楽器いやだ〜」になります。分担するときのルール（重なったらじゃんけん等）を決めておくといいでしょう。またグループ内で打楽器が重ならないようにいくつかに分類しておくといいでしょう（ベストは8つに分類しておくこと）。

⑥「1人ずつ重ねる」の部分を練習する（止め方も考える）

- なるべくみんなのリズムが同じにならないようにしようね
- 同じ材質の楽器が続くから、並び方を変えてみようか
- 止め方は全員で一斉に止めよう
- 金属の楽器は音が大きくなるから、音量のバランスに気をつけようね
- 入った人から抜けていくのもいいね

⑦「まね」の部分を練習する

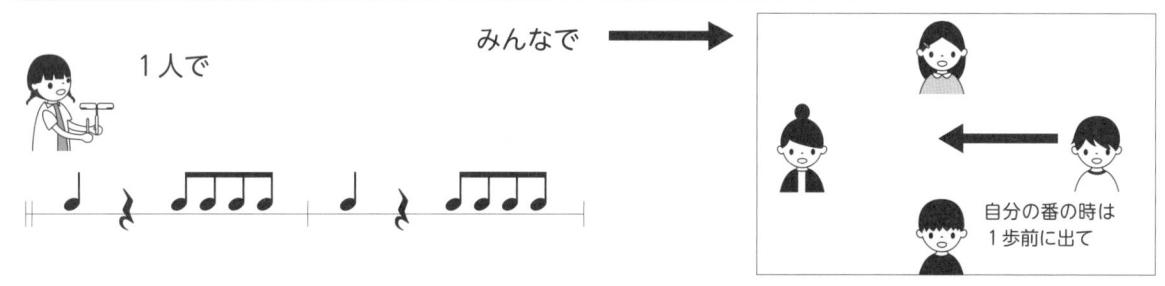

1人で　　　　　　　みんなで

自分の番の時は
1歩前に出て

＊まねの部分は円に隊形を変えると、1人ひとりが見やすくまねしやすくなります。まねする人が一歩前に出るとさらにかっこよくなりますよ。

⑧ 聴いている人が「ビックリする」「笑う」ようなことを考える

- 「ビックリ」「笑い」の部分は、聴いている人がビックリしたり笑ったりするようなことを考えます。
- リズムだけでなく少し動きをつけても面白いでしょう。

少しずつ音を大きくしたらどうかな！

速度を速くしてもおもしろいね

立ったり座ったり動いてみようか

pp ＜ ff

♩=100 → ♩=200

⑨「はじめ方」や「おわり方」を考える

はじめ方

1人1発ずつ鳴らしてからはじめようよ

全員で何かリズムを考えてもいいね

おわり方

かんたんにして全員で1発鳴らすのは？

だんだん音を小さくしておわってもいいね

⑩ 全曲を通して練習して、発表する

聴く時は自分と同じ打楽器の人に注目して聴くようにしましょう

ぼくはトライアングルだから同じ子のをよく聴いておこう。どんなたたき方やリズムで演奏するかな

まとめ（音楽づくりの視点から）

[音] リズムや音色、打楽器の材質に注目すると打楽器だけでも素敵な音楽がつくれます。1つの音楽にするためには、クラス全員でリズムや音色の面白さ、材質の違いなどを共有することが大切です。音遊びやリズム遊びの時間で学んだことを生かして、8人で対話しながらつくりあげていけるといいでしょう。打楽器の数が足りない時は、からだの様々なところをたたいて、からだの音だけでつくることも可能です。

Part 2
パート2

音楽のミニネタ7

ネタ 01 リコーダーワクワク練習術

小節を限定して練習したり、速度を変えて演奏したりすることで、ワンパターンだった器楽の練習も楽しく、学びあるものになります。

（ここでは『パフ』を例にあげて紹介します）

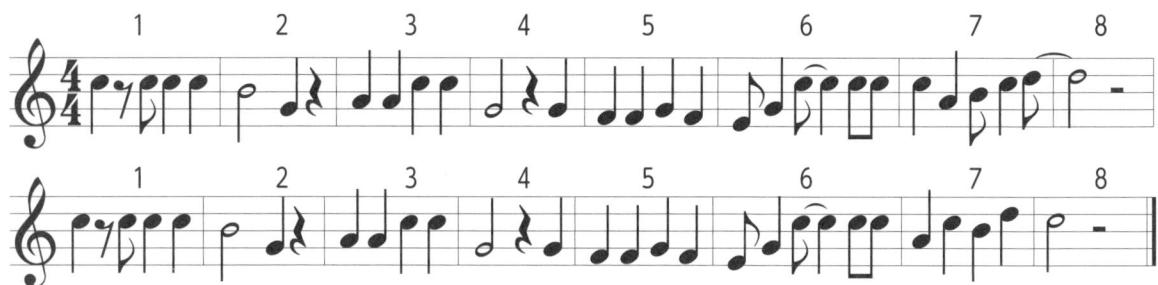

①小節限定法

ある小節だけを全員で演奏します。スモールステップで取り組めるだけでなく、楽譜を読み取る力を育てることができます。全員でその小節を演奏できた時には、「お～！やった～！」という声があがるはずです。

◆やり方◆

『パフ』の1段目1・2小節目だけ演奏します

ド～ドドド　シ～ソ～

ラ

アッ、まちがえた！

全員がそろうまで3回挑戦してみよう

ド～ドドド　シ～ソ～

よし

・全員そろったね。
・次は2段目の1～7小節目。
・少し難しいよ。

ポイント 間違えた子が責められないように配慮しましょう。私は「その子が100回連続で間違えたら言ってもいいよ！」と伝えています。

②虫食い法

全曲を通して演奏できるようになったら、「虫食い法」に挑戦してください。「虫食い法」は、指定された音を吹かずに全曲通して演奏します。その音だけでなく、旋律の流れや音の高低に注目して活動することができます。

◆やり方◆

『パフ』のソの音を抜いて演奏します。みんなソの音がどこで出てくるのか確認してね。

ド～ドドドシ～○　　ララドド　　○

③速度調整法

教材曲には速度（テンポ）が示されていることがあります。速度はその曲に適した速さになっていますが、練習の時は変化させても問題はありません。速度を変化させることで新たな発見があるかもしれません。

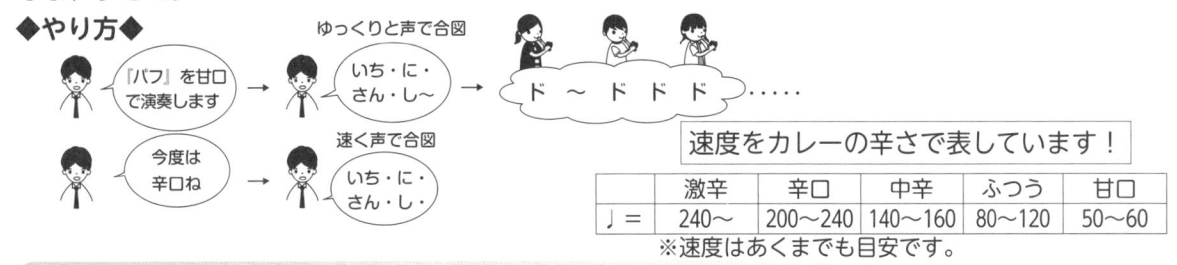

◆やり方◆

速度をカレーの辛さで表しています！

	激辛	辛口	中辛	ふつう	甘口
♩=	240〜	200〜240	140〜160	80〜120	50〜60

※速度はあくまでも目安です。

④目をつぶって練習法

楽曲を演奏できるようになった子には次の目標を示してあげましょう。目をつぶるということは「暗譜」しているということです。もちろん、目をつぶらずに後ろ向きになって演奏してもいいでしょう。

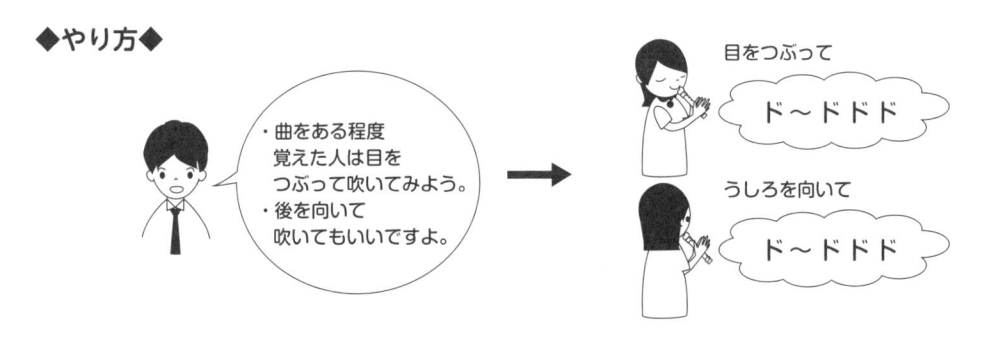

◆やり方◆

⑤さかさま練習法

④同様に楽曲を演奏できるようになった子への練習法です。リコーダーは「左手が上、右手が下」というのが基本です。それに反してここでは、「右手が上、左手が下」で練習します。いままでスラスラ演奏できていた曲が…となることでしょう。

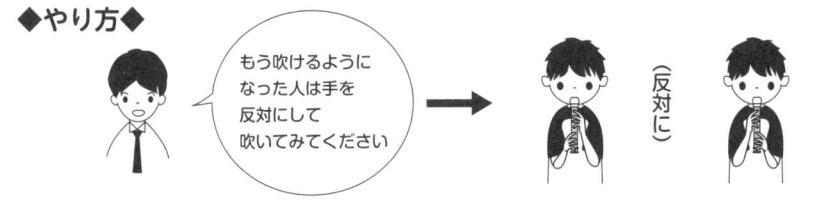

◆やり方◆

⑥ゆびだけ練習法

その名の通り、指だけを動かして音は出しません。ただし、楽曲の最後の音だけは演奏します。全員の速度が一定だと最後の音はピッタリ合うはずです。

◆やり方◆

PUFF (THE MAGIC DRAGON) Words & Music by Peter Yarrow, Leonard Lipton © 1963 by SILVER DAWN MUSIC
© 1963 by HONALEE MELODIES All rights reserved. Used by permission.
Print rights for Japan administered by YAMAHA MUSIC PUBLISHING, INC.
The rights for Japan assigned to FUJI PACIFIC MUSIC INC.

ネタ02 ワクワク音取り術

子どもたちが楽曲と出会う時、先生方はどのような出会わせ方をしていますか？またどのように楽曲を覚える（音取り）ようにしていますか？質問をしたり、音楽的な視点を与えて聴かせたりすることで、子どもたちがワクワクしながら、そしてあっという間に曲を覚えることができるようになります。

（ここでは『ふじ山』を例にあげて紹介します）

あたまを くもーの うえにだーし しほうの やーまを みおろーしーて
かみなり さーまーを したにきく ふじは にっぽん いちのやま

◆やり方◆

ステップ①イントロで予想する

> 先 これから教科書に載っているある曲の前奏を流します。みんなは前奏を聴いて「この曲かな？」と予想してください。前奏には歌詞がないので、速度やリズムから曲の雰囲気を感じ取ってくださいね。いまの季節や時期に関係のある曲かもしれませんよ。

〜前奏を聴き終えたところで〜

> 先 自分が「この曲だ！」と思ったページを開けて、先生に見せてください。
> 正解は○○ページです。（ここでは『ふじ山』という曲名には触れません）

ステップ②曲名は？

> 先 ではこの曲の1番だけを聴きますが、聴き終えた後に先生が質問をします。楽譜の隅々までよく見ながら聴いてくださいね。

〜1番を聴き終えたところで〜（楽譜を伏せて）

> 先 教科書を伏せてください。では、質問1。「この曲の曲名は？」
> 子 そんなの簡単だよ〜！
>   （ここでは自信満々。でも意外と曲名を見ない子も）
> 子 ふじ山です。
>   （最初は誰もが答えられる質問をすることで、今後の意欲も増します）

ステップ③曲の出だしは？
〜1番を聴き終えたところで〜（楽譜を伏せて）

- **先** 質問2。この曲の出だしの歌詞は何だったでしょう？
- **子** あ〜たまをくも〜の〜。
  （歌詞だけでなく、音程もつけて歌っている子がいたらほめてあげましょう。
  慣れてきたら、音程もつけて答えるようにするとより音楽的になります）

ステップ④曲の長さは？
〜1番を聴き終えたところで〜（楽譜を伏せて）

- **先** 質問3。この曲の長さは何小節だったでしょう？
- **子** 16小節
  （共通教材などは4小節ずつ楽譜に示されていることが多いです。4小節ずつのかたまり
  で4×4＝16小節と捉えてもいいですね）

ステップ⑤はじめの音とおわりの音は？（楽譜を見ながら）
〜1番を聴き終えたところで〜

- **先** 質問4。この曲のはじめの音と終わりの音を教えてください。
- **子** はじめの音はソで、終わりの音はドです。
  （終わりの音は調性との関わりも強いので、特に注目させましょう）

ステップ⑥1番高い音は？（楽譜を見ながら）
〜1番を聴き終えたところで〜

- **先** 質問5。この曲で1番高い音は何の音でしょうか？
- **子** 「ふ〜じは」の「ふ」の音だよね。
- **子** 高いドの音です。
- **先** そうだね。では聴きながら、高いドが出てきたら手を上げるようにしましょう。
  （くり返し聴いているので、すでに音を覚えている子がいるはずです。小さな声で歌
  わせてもいいでしょう）

ステップ⑦似ているところは？（楽譜を見ながら）

- **先** 先生が質問した以外に、楽譜を見て何か気付いたことはあるかな？
- **先** それぞれの段を比べると何か見えてくるものがあると思います。
- **子** 4小節ずつ休符があるよ。
- **子** 1，5，6，9，11、14小節目のリズムが同じだね。
- **子** 7、8小節目と15、16小節目はだんだん音が下がっているね。
- **子** 付点4分音符が多く使われているよ。

ポイント ワクワク音取り術での最大のポイントは楽譜と向き合うことです。歌唱曲では、教師が何も言わないと子どもたちは歌詞のページを見てしまいます。楽譜に抵抗を示す子も、くり返し聴くことや質問をすることで音楽的に捉えられるようになります。

ネタ03 だれもが歌いたくなるちょっとした工夫

普段から友達の前で自分を表現することに慣れていれば、実技テストなどで発表する時も平気です。
ここでは、授業で役立つ発表の仕方を歌唱にしぼってご紹介します。先生の声かけひとつで、「わたしも発表したい！」と手があがるようになるはずです。

①短い小節で発表

◆やり方◆

4小節や8小節などの短い小節に限定して発表します。全曲を通して発表することには抵抗をしめす子も、短い小節ならば「やってみよう！」と思うはずです。

★やりとり

先 さて、今日は「ふるさと」の1番を1人で歌ってもらいます。
子 え～。1人で？それは無理だよ～！！
先 さあ、「ぼくが、わたしが」という人はいないかな？
　　（もし数名手があがっていても、ここではあえて指名しない）
先 それでは最初の2小節だけにしてみようか。誰かいないかな～。
子 2小節だけ？短いね～。2小節ならやってみようかな。
先 それでは、○○さんいってみよう。
　　（「うさぎ　お～いし」と数名の発表が終わって…）
先 すごいね。1人で歌えたね。ちょっと難しいかもしれないけど、4小節に挑戦する人はいないかな？
子 先生。少し長いけど挑戦してみるよ！

ポイント　1人で表現するためには、学級の雰囲気づくりも大切です。1人の発表が終わった時は必ず拍手をするように教師が伝えましょう。ちなみに私は「ちゃんと聴いていた人は拍手」や「しっかり聴けた人は5回拍手」などと具体的に伝えています。

②少人数で発表

◆やり方◆

1人ではなく、2〜4人くらいで発表していきます。「1人で発表するのはちょっと…」と思っている子も、仲間が増えると「歌ってみよう」と気持ちが変わるものです。

> **★やりとり**
>
> 先 今日は「ふるさと」の最初の8小節を歌ってもらいます。誰か1人で歌ってくれる人はいないかな？
> 子 1人はちょっと恥ずかしいかな〜。
> 先 本当は1人がいいんだけど、「2人ならいいよ！」という子でもいいですよ。
> 子 それならいいかな〜。○○さん一緒に歌おうよ。
> 　　（近くの友達を誘うようになるはずです）
> 先 それなら「○○さんと□□さん」に歌ってもらいます。
> 　　（「うさぎ　お〜いし」と数名の発表が終わって…）
> 先 2人で発表するのがどうしても…と思う子は4人ならどうかな？
> 　　（ここでは、少しずつ人数を増やしますが、最終的には1人で歌えるようにしたいですね）

ポイント　「本当は1人で歌って欲しい」ということを子どもたちに伝えておくことが大切です。数名の発表に慣れてくると、1人で歌いたいという子も増えてくるはずです。

③マイクを使って発表

◆やり方◆

その名の通り、マイクを使って歌います。特に、4年生以上でポップス系の歌を歌う時に使っています。隊形は円や2列横隊などにしておくとマイクが回しやすいです。4小節などのまとまりでマイクを回していくといいでしょう。

ポイント　マイクを通して自分の声が聞こえるように歌うことがポイントです。また、うるさくなり過ぎないようにマイクの使い方も指導しましょう。

子どもに伝えておきたいこと

合唱の時は、みんなで1つの表現をつくりあげていきます。そのため、音程やリズム、息などをそろえたり、合わせたりしなくてはなりません。しかし、1人や少人数で歌う時は、「その子の表現を保証」してあげましょう。たとえ、リズムや音程が正しくなくても、まずはその子の表現を受け入れることが大切です。

ネタ04 朝や帰りの会でのひと工夫

朝や帰りの会で歌を歌っているクラスも多いはず。先生が少し工夫するだけで、音楽の力も学級の力もアップしますよ。

①歌詞は必ず掲示

子どもたちは音程よりも歌詞が頭に入っていないことがあります。歌詞がわからないと精一杯歌うことはできません。歌詞はなるべく、縦書きのものを用意しましょう。

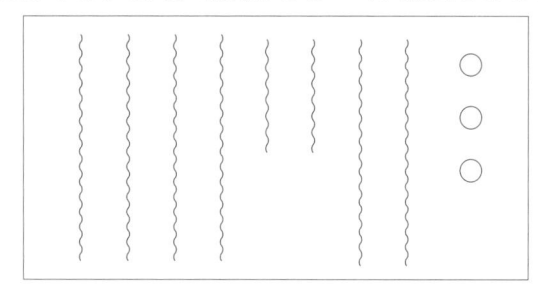

> A4作成時のおすすめ書体（word）
> 【書体】ポップ体　【サイズ】30pt
> 【行間】固定値で36〜38pt
> 【縮小】歌詞が多いものは縮小75％

②選曲にもこだわる

朝は『今月の歌』、帰りは『子どもたちが好きな歌』を歌うことをおすすめします。高学年ならば、いきものがかり、コブクロ、ゆずなどの曲を、低、中学年ならば『子どもたちが親しんでいるアニメの主題歌等』を取り上げることが多いです。リクエストを取るとさらに意欲が増しますよ。その時は、『みんなで楽しく歌える曲！』という条件をつけています。

【おすすめ曲一覧】

アーティスト名	曲名	アーティスト名	曲名
いきものがかり	ありがとう	いきものがかり	ブルーバード
いきものがかり	ハルウタ	いきものがかり	帰りたくなったよ
いきものがかり	なくもんか	いきものがかり	風が吹いている
いきものがかり	笑顔	いきものがかり	歩いていこう
ゆず	栄光の架橋	ゆず	雨のち晴レルヤ
コブクロ	蕾	コブクロ	桜
コブクロ	今、咲き誇る花たちよ	FUNKY MONKEY BABYS	あとひとつ
FUNKY MONKEY BABYS	ヒーロー	槇原敬之	どんなときも
KAN	愛は勝つ	井上陽水	少年時代
スキマスイッチ	全力少年	GReeeeN	キセキ
GReeeeN	遥か	岡本真夜	Tomorrow
Sekai no owari	RPG	荒井由美『風立ちぬ』より	ひこうき雲
荒井由美『魔女の宅急便』より	やさしさに包まれたなら	加藤登紀子『紅の豚』より	時には昔の話を
井上あずみ『天空の城ラピュタ』より	君をのせて	AKI『ドラえもん』より	夢をかなえてドラえもん

③歌う隊形をひと工夫

同じ教室でも歌う隊形を変えるだけで、その場の雰囲気が変わります。「ちょっと面倒だな〜」と思わずに、色々な隊形を試してみてください。

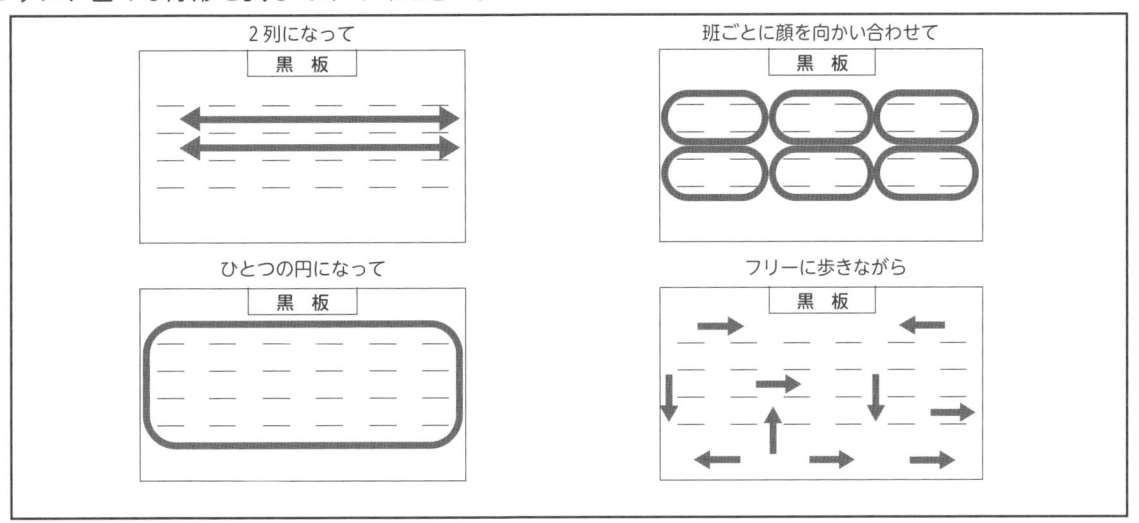

- 2列になって（黒板）
- 班ごとに顔を向かい合わせて（黒板）
- ひとつの円になって（黒板）
- フリーに歩きながら（黒板）

④ルーレット方式で楽しく歌おう

③の円の隊形を使います。「1人ずつ歌う！」というのはハードルが高いかもしれませんが、このルーレット方式なら数名で一緒に歌っていきます。また全員が少人数歌いを経験できるというメリットもありますよ（ここでは「4人ずつ」を取り上げます）。

最初の4人を決めます

先生が合図したら、右隣りの人にバトンタッチです。

先生は中心にいて手を挙げて「ハイ！」と声を出します

⑤誕生日は歌でお祝い

年に1度の大切な誕生日。歌でお祝いしませんか。特に仲のよい友達に歌ってもらう場を作るとさらに盛り上がることでしょう（夏休みや休日の子が誕生日の子もいるはず。休み明けに行うことを伝えておくといいでしょう）。

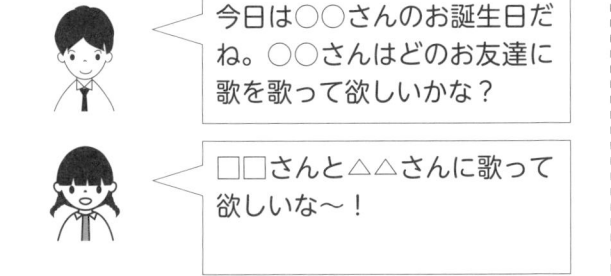

- 今日は○○さんのお誕生日だね。○○さんはどのお友達に歌を歌って欲しいかな？
- では1回目は□□さんと△△さんが。2回目は全員で歌おうね！
- □□さんと△△さんに歌って欲しいな〜！

「ハッピーバースデートゥーユー」を歌う。
歌い終えた後に、誕生日の子に一言スピーチをしてもらってもいいですね。

ネタ05 学級歌制作までの道のり

学級担任ならば、「学級歌つくりたい！」なんて思いはありますよね？
そこで、学級歌制作までの道のりを簡単にご紹介します。

①曲のテーマを話し合う

～話し合う内容～
1．何のために曲をつくるのか
2．誰にために曲をつくるのか
3．曲を通して何を伝えたいのか

→ 1人ひとりが意見を出し合えるように、ワークシートを用意したり、班で話し合う場を設定したりしましょう。

※『学級目標』などをつくる際などに、「どんなクラスにしたいのか」、「そのために自分はどうするのか」を話し合ってまとめておくといいでしょう。

②歌詞をつくりあげる

1．歌詞に入れたい言葉や文章を考える
2．言葉や文章を黒板に書き、意見を聞きながらまとめていく（先生主導で）

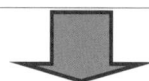

↓

既存の楽曲からヒントを得て、曲の構成を事前に決めておくとスムーズです。Aメロ→8小節、Bメロ→8小節、サビ→16小節など

未来への道（平成22年度　海神小学校　4年2組学級歌）

【Aメロ】
あと少し前に進もう　あきらめたら　終わりさ
せまりくる大きなカベを　のりこえるんだ　信じて

【Bメロ】
いまの自分を　鏡にうつして
夢の続きを　えがいていけたら　いつか　つかめるさ

【サビ】
信じて　走れ　ずっと
ぼくだけの力がある　誰にも負けない力
いつか　きっと見えてくる　光　求めて
さあ　今こそ　進もう

【Aメロ】
「あと少し　もう少しだけ」この気持ちをつないで
苦しみと涙の数は　明日へ進む　力に

【Bメロ】
いまの自分を　大切にしよう
この世で一人　一つの光を　ともし続けよう

【サビ】
ぼくだけの想いがある　誰にも負けない想い
未来へ　届け　もっと
いつか　きっと見えてくる　未来　信じて
さあ　この時　生きよう

③曲をつくりあげる

曲の旋律を子どもたちだけの力でつくりあげることは難しいかもしれません。そこで旋律をつくる方法を3つ紹介します。

【パターン1】替え歌作戦
既存の曲に歌詞をあてはめてつくる、いわゆる『替え歌』です。テーマに合った曲調を考え、慎重に選びましょう。

【パターン2】鼻歌作戦
ギターやピアノなどで、コード演奏ができる先生におすすめです。「ある楽曲のコードだけをまねさせてもらう」というのも手ですね。コードが決まったら鼻歌を歌いながら旋律をつくっていきましょう。

～筆者おすすめのコード進行～

Aメロ
C	G/B	A7	Dm7	F	G7	Em7 Am7	Dm7	G7
C	G/B	A7	Dm7	F	G7	Em7 Am7	Dm7 G7	C

Bメロ
Am7	Em7	F	C	Am7	Em7	F	G7

サビ
C	Em7	F G	C	F G	Em7 Am7	Dm7	G7
C	Em7	F G	C	F G	Em7 Am7	Dm7 G7	C

【パターン3】曲づくりを依頼する
音楽が苦手！という先生は、曲づくりができる先生に依頼すればいいですよね。ってそう簡単には見つからないもの。そこで本誌をご購入いただいた先生方の中から、先着3名様限定で、筆者が曲づくり（旋律・簡単な伴奏譜＆音源）をお手伝いさせていただきます。

【曲のテーマ】【歌詞】【学年】を下記編集部までメールでお送りください。
株式会社メディアクリエイト編集部（E-mail：a-kato@media-cr.co.jp）
件名『26先生に学級歌制作依頼！』

ネタ 06 子どもに寄りそうおすすめ楽器

子どもの活動を支え、思いを実現させる楽器をご紹介します。

メロディオン
- 幅広い音域と音色で即興演奏にも最適。
- 目で見てわかる。

リコーダー
- 身近で手軽ですぐに使える。
- 即興演奏でも大活躍。
- 誰もが押さえやすいテルトンモデル。

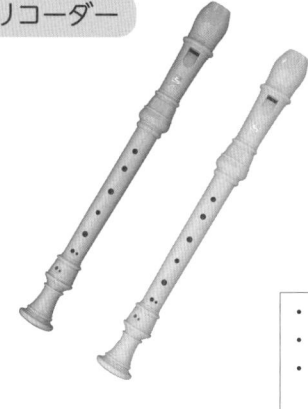

どれみシート
- 音の位置がわかる便利などれみシート。

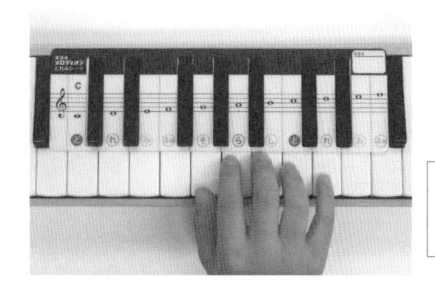

ミニグロッケン
(34×11×2.8cm 615g)
- 教室で大活躍。
- 音板は取り外し可能。

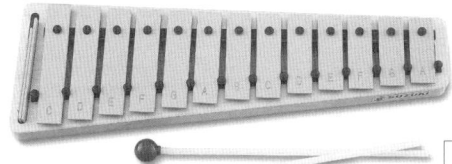

トライアングル
- 子どもの手にジャストなサイズ。
- 小さくても確かな音色。

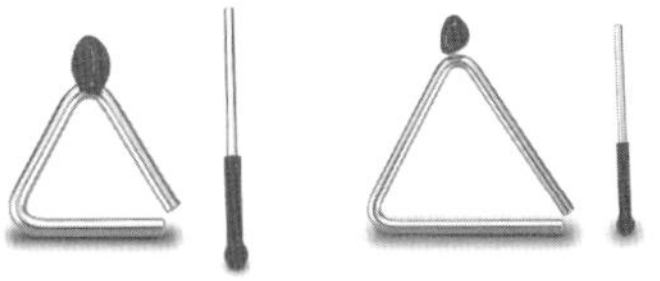

バスウッドドラム
- 大きな音でも優しい音色。
- 子どもの表現を支える低音。

クラベス
- 拍を刻むにはこの楽器。

ウッドブロック
- 小さいけれど存在感は抜群。

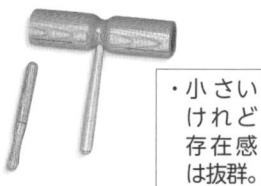

トーンチャイム

- あたたかく優しい音色。
- 様々な奏法が可能。

ザイロホーン

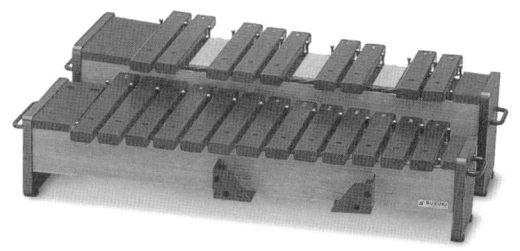

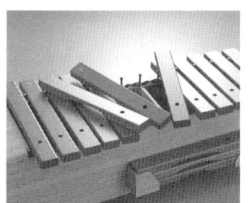

- 合奏でも大活躍。
- もちろん音板も取り外し可能。

オルガン

- CD再生、録音もこの1台で。
- キャスター付きで移動もらくらく。

カスタネット

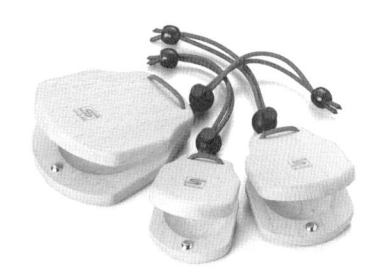

- 3つの音域で輝くカスタネット。

タンブリン

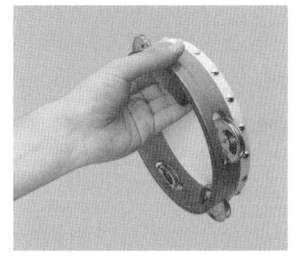

- 子どもの手にジャストなサイズ。

（穴がないから安心）

コンガ

- 向かい合わせれば2人でたたける。
- 多様な奏法。

【楽器提供】鈴木楽器製作所
https://www.suzuki-music.co.jp/
【お問い合わせ先】鈴木楽器販売株式会社
TEL：053-463-6601
＊筆者が提案する鍵盤ハーモニカ活用術もぜひ！
https://www.suzuki-music.co.jp/ongakuno_hikidashi/02_01/

ネタ07 隊形の工夫で子どものやる気もアップ

音楽の授業では、「場の工夫が授業を左右する」と言ってもいいでしょう。音楽室などの広いスペースが使える時は様々なバリエーションを試してみましょう。

①自分の好きな場所で

歌唱では、自分の好きな場所で歌わせることがあります。自然とピアノの周りに集まってきますよ。

②イスに座って

リコーダーなどの器楽では、楽譜を見ることが多いので、イスに座って演奏します。「暗譜した人は後ろを向く」というルールにしておくとおもしろいですよ。

③円になって

即興演奏や歌唱の時におすすめです。顔が見やすいこと、お互いの表現を聴きやすいことがポイントです。

④少人数で円になって

歌唱や器楽などで少人数で活動する時におすすめです。円になることで、一体感も増します。

⑤横1列になって

音楽づくりの作品を発表する時におすすめです。聴き手にとっても1人ひとりの表現がわかりやすくなります。

⑥向かい合って

音楽づくりなどで作品をつくりあげていく時におすすめです。イスに座り向かい合うことで、じっくりと考えたり、意見を交換したりすることができます。

Appendix

付録

音楽ワークシート&伴奏楽譜集

音楽ワークシート（活動21で使用）

【名前で音楽をつくろう】

1. つくりあげる音楽の構成と条件を知ろう。

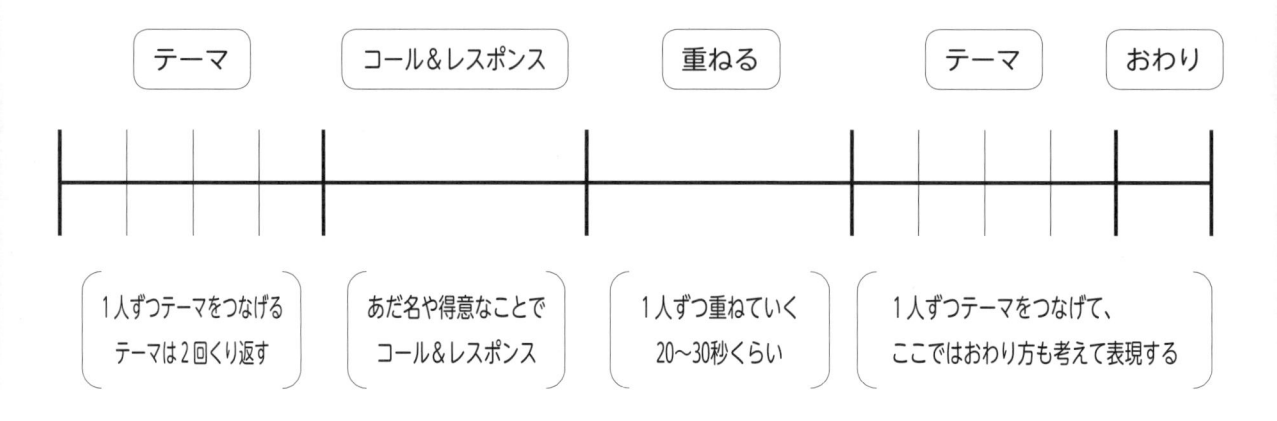

| テーマ | コール＆レスポンス | 重ねる | テーマ | おわり |

- 1人ずつテーマをつなげる テーマは2回くり返す
- あだ名や得意なことで コール＆レスポンス
- 1人ずつ重ねていく 20〜30秒くらい
- 1人ずつテーマをつなげて、ここではおわり方も考えて表現する

条件

【拍子】4／4拍子　【速度】♩＝100くらいを基本に　【長さ】60秒くらい

2. 4人の並び方を決めて、「テーマ」をつくろう。
　　テーマは全体で4小節（1人1小節ずつつくる）

| 1人目 | 2人目 | 3人目 | 4人目 |

〜テーマづくりで意識すること〜（テーマはその曲の顔。その曲を印象付ける。）

- だれが聴いても覚えられる簡単もの
- 簡単な中にも、インパクトを与える工夫が必要
- そして、聴いている人が面白いな〜って思ってもらえるように

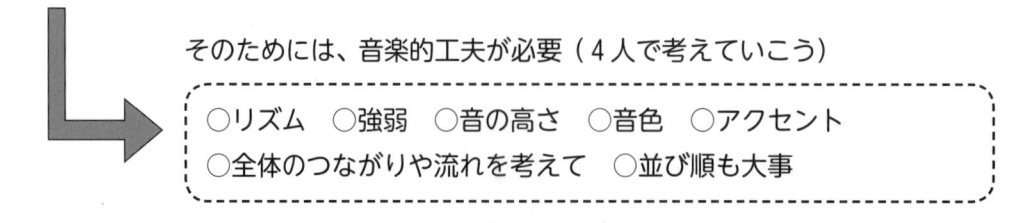

そのためには、音楽的工夫が必要（4人で考えていこう）
- ○リズム　○強弱　○音の高さ　○音色　○アクセント
- ○全体のつながりや流れを考えて　○並び順も大事